Sueño lúcido para principiantes

Lo que necesita saber sobre el control de sus sueños para mejorar su sueño y su creatividad

© Copyright 2020

Todos los derechos reservados. Ninguna parte de este libro puede ser reproducida de ninguna forma sin el permiso escrito del autor. Los revisores pueden citar breves pasajes en las reseñas.

Descargo de responsabilidad: Ninguna parte de esta publicación puede ser reproducida o transmitida de ninguna forma o por ningún medio, mecánico o electrónico, incluyendo fotocopias o grabaciones, o por ningún sistema de almacenamiento y recuperación de información, o transmitida por correo electrónico sin permiso escrito del editor.

Si bien se ha hecho todo lo posible por verificar la información proporcionada en esta publicación, ni el autor ni el editor asumen responsabilidad alguna por los errores, omisiones o interpretaciones contrarias al tema aquí tratado.

Este libro es solo para fines de entretenimiento. Las opiniones expresadas son únicamente las del autor y no deben tomarse como instrucciones u órdenes de expertos. El lector es responsable de sus propias acciones.

La adhesión a todas las leyes y regulaciones aplicables, incluyendo las leyes internacionales, federales, estatales y locales que rigen la concesión de licencias profesionales, las prácticas comerciales, la publicidad y todos los demás aspectos de la realización de negocios en los EE. UU., Canadá, Reino Unido o cualquier otra jurisdicción es responsabilidad exclusiva del comprador o del lector.

Ni el autor ni el editor asumen responsabilidad alguna en nombre del comprador o lector de estos materiales. Cualquier desaire percibido de cualquier individuo u organización es puramente involuntario.

Índice

INTRODUCCIÓN 1
CAPÍTULO UNO: ¿QUÉ SON LOS SUEÑOS? 3
    ¿POR QUÉ SOÑAMOS? 4
    ALGUNOS HECHOS 8
    INTERPRETACIÓN DE LOS SUEÑOS 9
    SUEÑOS COMUNES Y SU INTERPRETACIÓN 11
    CÓMO ANALIZAR SUS SUEÑOS 12
CAPÍTULO DOS: SUEÑO LÚCIDO 14
    HISTORIA DEL SUEÑO LÚCIDO 15
    BENEFICIOS DEL SUEÑO LÚCIDO 16
CAPÍTULO TRES: SUEÑO LÚCIDO Y PROYECCIÓN ASTRAL 19
    USAR EL SUEÑO LÚCIDO PARA INICIAR LA PROYECCIÓN ASTRAL 21
    ALGUNAS COSAS QUE DEBE SABER 23
CAPÍTULO CUATRO: SUEÑOS LÚCIDOS Y VIAJES CHAMÁNICOS 25
    LOS CONQUISTADORES DE LA CONCIENCIA 25
    LOS EFECTOS NEGATIVOS DEL SUEÑO LÚCIDO 26
    EL SURGIMIENTO DE LA ESPIRITUALIDAD 27
    CÓMO INICIARSE 28
    LA REVOLUCIÓN DEL SUEÑO LÚCIDO 30
CAPÍTULO CINCO: PREPARACIÓN PARA EL APRENDIZAJE DE
LOS SUEÑOS LÚCIDOS 32
CAPÍTULO SEIS: PREPARACIÓN PARA UNA EXPERIENCIA
DE SUEÑO LÚCIDO 41
    CONSEJOS Y TÉCNICAS 43

Consejos para facilitar un sueño lúcido 48
Cosas que hacer cuando esté consciente 54
CAPÍTULO SIETE: 5 TÉCNICAS DE SUEÑO LÚCIDO 56
CAPÍTULO OCHO: CÓMO EXPLORAR SU TIERRA DE LOS SUEÑOS 65
CAPÍTULO NUEVE: ENCONTRANDO LOS GUÍAS ESPIRITUALES EN SUEÑOS LÚCIDOS 74
¿Qué es un guía espiritual? 74
Tipos de guías espirituales 75
Encontrado su guía espiritual 76
CAPÍTULO DIEZ: 14 COSAS QUE NUNCA HAY DEBE CUANDO SUEÑA LÚCIDAMENTE 80
CAPÍTULO ONCE: CÓMO PROTEGERSE MIENTRAS SUEÑA LÚCIDAMENTE 87
CAPÍTULO DOCE: CINCO TÉCNICAS AVANZADAS DE SUEÑO LÚCIDO 94
CONCLUSIÓN 103
VEA MÁS LIBROS ESCRITOS POR MARI SILVA 105

Introducción

Todos soñamos, y nuestros sueños pueden ser felices, estimulantes, excitantes, aterradores o intrigantes. Nuestra capacidad única de soñar ha sido un aspecto fascinante que la ciencia ha tratado de explorar desde los albores de la civilización. Los sueños son como las películas de acción real, que significan muchas cosas. En sus sueños, el cielo es el límite, y no hay nada que no pueda intentar o hacer. Puede ser un mago, explorar sus ideas más descabelladas y profundizar en su subconsciente.

¿Siempre recuerda sus sueños? Lo más probable es que a menudo se olvide de ellos en el momento en que abre los ojos.

Con el sueño lúcido, usted puede recordar sus sueños e incluso controlarlos. El sueño lúcido es un concepto fascinante que le enseña a ser consciente de sí mismo mientras está en el país de los sueños. Le convierte en el escritor, director, actor y productor de su propia obra. Si alguna vez pensó en explorar algunas de sus ideas pero le falta la confianza para hacerlo, el sueño lúcido le será útil. El sueño lúcido es la clave para descubrir su interior —el mundo dentro de usted— y su subconsciente. Desde explorar sus metas y fantasías hasta vivir sus sueños, puede hacerlo todo.

En este libro, aprenderá sobre los sueños y su significado, sobre el sueño lúcido, y los diferentes beneficios que ofrece. También aprenderá sobre la relación entre la proyección astral, el viaje chamánico y el sueño lúcido, algunos consejos para prepararse para aprender más sobre el sueño lúcido, y los pasos para prepararse para una mejor experiencia de sueño lúcido.

Además, descubrirá varias técnicas de sueño lúcido ideales para principiantes y algunas técnicas avanzadas también. En este libro, encontrará consejos prácticos y sencillos para explorar el paisaje del sueño lúcido, conocer a los guías espirituales y cómo protegerse durante los sueños lúcidos. En este libro se incluyen algunos consejos útiles para evitar ciertos errores en los sueños lúcidos.

Entonces, ¿está listo para aprender más sobre todo esto? ¿Está emocionado por comenzar su viaje personal al mundo de los sueños lúcidos? Si es así, ¡comencemos sin más!

Capítulo uno: ¿Qué son los sueños?

Los sueños son un misterio para nosotros, y los científicos y psicólogos los han estudiado durante mucho tiempo para tratar de entender más. Pueden parecer raros, extraños o incluso aterradores, pero sus sueños tienen un significado. Se cree que los sueños ayudan a mantener la salud física y psicológica. Hay muchas teorías sobre los sueños que afirman que los sueños tienen un propósito, pero algunas teorías afirman que los sueños pueden no tener ningún propósito. Una vez que usted aprenda a soñar lúcidamente, su percepción de los sueños cambiará.

Los psicólogos han llevado a cabo una investigación exhaustiva sobre los sueños. Sus investigaciones se remontan a principios de 1900, y han realizado análisis psicológicos de los sueños de la gente durante muchos años. Los psicólogos analizaron los sueños de sus pacientes en laboratorios de sueños y usaron la información obtenida para desarrollar sus teorías. Sigmund Freud sostuvo la primera teoría de los sueños; afirmó que los sueños solo ayudaban a la persona que los tenía a dormir bien durante la noche. Freud también creía que las personas solo tenían sueños cuando tenían hambre, tenían un impulso sexual o necesitaban usar el baño. Su teoría se contradijo más tarde cuando alguien afirmó que una persona sueña al menos cinco veces cuando está en la etapa REM (movimientos oculares rápido) de su ciclo de sueño.

Carl Jung estableció la siguiente famosa teoría. Era un ferviente seguidor de Freud, pero creía que había un propósito diferente detrás de los sueños, y rompió con la teoría freudiana para establecer una nueva teoría. Afirmaba que una persona tenía sueños para compensar las partes de su personalidad o psique total que estaban subdesarrolladas cuando estaba despierto.

Calvin Hall contradijo esta teoría con la suya propia. Para confirmar su teoría, pidió a sus estudiantes que mantuvieran un diario de sueños durante dos semanas. Creía que una persona siempre se representaría a sí misma en su sueño. Esto significaba que una persona que es introvertida cuando está despierta también lo es en sus sueños.

Otros teóricos de los sueños creen que los sueños son la solución a todos nuestros problemas. Creen que los sueños solo ocurren cuando una persona se enfrenta a un problema irresoluble en la vida. Muchos psicólogos trataron de obtener evidencia para respaldar esta teoría, y fue durante esta investigación que finalmente fueron capaces de establecer el uso de los sueños basados en diferentes creencias culturales.

¿Por qué soñamos?

Freud afirmó que toda persona era un poeta, intencionalmente o no, y que los sueños eran muy parecidos a la poesía. Los poetas usan musas o experiencias en sus vidas para escribir, y expresan sus emociones a través de poemas. De la misma manera, usted crea imágenes y situaciones en sus sueños, y cuando las combina con varios eventos en su vida, provoca una respuesta emocional dentro de sí mismo. Los sueños son historias que corren a través de su mente inconsciente o subconsciente, y Freud creía que no se basaban en la lógica. Los sueños son como las películas que protagonizan nuestras emociones, miedos, deseos y todo lo demás enterrado en el subconsciente.

Supongamos que discutió con su amigo esta mañana, y no pudo entender su punto de vista. Cuando tenga un sueño esta noche, puede que se encuentre en la misma situación, pero discutiendo de forma diferente, y tal vez haciendo entender su punto de vista bastante bien. Los sueños le ayudan a cambiar el resultado de situaciones que ya han ocurrido. Los eventos en su sueño se basan en los pensamientos y emociones de su subconsciente.

Otro ejemplo puede ser uno en el que está tomando un examen. Antes de que empiece la temporada de exámenes, puede tener muchos sueños en los que aprueba o suspende el examen. Puede que tenga ese sueño porque quiere ser el mejor estudiante o porque teme los exámenes. Cuando está muy despierto, no puede estudiar para el examen porque se preocupa cómo le irá. Esto no nos ayuda a entender por qué soñamos, pero hay cinco teorías al respecto.

Teoría uno: Respuestas de práctica

¿Alguna vez soñó con caerse de un acantilado, luchar contra un enemigo o ser perseguido por un perro? Bueno, usted no es la primera persona que tiene un sueño así. Tiende a tener tales sueños durante su sueño REM porque su amígdala cerebral, la parte de su cerebro que estimula su respuesta de lucha o huida, funciona al máximo. Antti Revonsuo, un científico cognitivo finlandés, declaró que la gente sueña solo durante su sueño REM.

Es durante el sueño REM que el cerebro trabaja como si percibiera el peligro porque la amígdala funciona al máximo. La parte de su cerebro que controla su capacidad motora también funciona al máximo, y puede que no mueva sus extremidades cuando está dormido, pero puede tener un sueño en el que está dando un paseo por la playa o luchando por su vida. Antti demostró que los sueños son su escenario, y es ahí donde su cerebro ensaya una amenaza potencial. Ensaya sus reacciones —tanto físicas como emocionales—

durante sus sueños. Es por esta razón que algunas personas patean en su sueño o se despiertan llorando.

Teoría dos: Revisando los recuerdos

Su cerebro limita el número de imágenes que almacena en su memoria consciente. Si recordara cada imagen de cada evento ocurrido en la vida, su cerebro estaría obstruido con información irrelevante. El cerebro clasifica los recuerdos de la mente subconsciente e intenta identificar los recuerdos que debería almacenar y los que debería eliminar. Si quiere entender esto mejor, piense en cómo funciona la mente en la película *Inside Out (Intensamente)*. En esa película, un grupo de personas "vivía" dentro del cerebro, mirando sus recuerdos subconscientes y echándolos fuera cuando se volvían grises. Así es exactamente cómo funciona la mente. No existe un equipo, pero su cerebro elimina cualquier recuerdo o imagen no deseada.

De manera similar, su cerebro segrega los recuerdos a través de sus sueños. Matt Wilson, un profesor del Centro para el Aprendizaje y la Memoria del MIT, apoya firmemente esta teoría. En sus experimentos con ratas, las puso en un laberinto durante el día y monitoreó sus patrones neuronales. Wilson prestó mucha atención a sus patrones neuronales durante su sueño REM y descubrió que los patrones eran los mismos que los de las ratas que corrían por el laberinto. Afirmó que el cerebro utiliza los sueños para identificar el valor de un recuerdo. Su sueño convierte toda la información que tiene en recuerdos fuertes, ayudándole a tomar decisiones en el futuro.

Teoría tres: Soñar es desfragmentar

Cuando compra un nuevo ordenador portátil o PC, lo primero que hace es separar los discos. Crea el número de unidades que quiere en el espacio que proporciona el dispositivo. De la misma manera, su cerebro también trata de identificar la importancia de todos sus recuerdos. Francis Crick y Graeme Mitchison afirmaron que una persona soñaba para poder olvidar. Querían decir que su cerebro trata de identificar si los datos que contiene, en forma de recuerdos, son útiles o no. Intenta establecer una conexión entre sus recuerdos, intentando identificar aquellos que debe mantener en la memoria activa, y aquellos que debe trasladar a su memoria subconsciente. El cerebro utiliza este método para recorrer sus recuerdos para identificar las conexiones que son importantes y las que no lo son.

Teoría cuatro: Su psicoterapeuta personal

Ernest Hartmann, un médico de Tufts, propuso que los sueños nos ayudan a enfrentarnos a esas emociones que nos negamos a reconocer. Se centró en lo que la gente aprende cuando sueña. Afirmó la teoría de que su cerebro usa imágenes y una secuencia de eventos para ayudarle a enfrentar esas emociones que su mente consciente tiene miedo de mirar. Cuando usted sueña, trata con todas sus emociones difíciles en un lugar seguro, que es similar a la psicoterapia. Puede considerar los sueños como sus terapeutas, y su cama es el sofá terapéutico. Observa todas sus emociones y pensamientos, y deja que su cerebro le diga lo que debe hacer para prevenir un desequilibrio emocional. A través de sus sueños, aprende a aceptar ciertas verdades que nunca hubieras podido aceptar conscientemente.

Teoría cinco: Ningún significado en absoluto

Mencionamos antes que algunas personas ahora creen que no hay significado para sus sueños. Los teóricos modernos argumentan que el cerebro dispara imágenes al azar, y algunas de estas situaciones pueden no tener nada que ver con algo que ocurrió cuando estabas consciente. Sus sueños son como una película en la que usted es el héroe, y la historia no depende de su vida.

Algunos hechos

¿Alguna vez ha experimentado algún sueño aterrador, raro, fascinante, excitante y divertido? Bueno, todos hemos experimentado una variedad de sueños, pero puede que no recordemos la mayoría de ellos. Antes de que aprendamos a ver cómo puede recordarlos, veamos algunos hechos interesantes sobre los sueños.

Todo el mundo sueña

Sí, todo el mundo sueña, incluyendo hombres, mujeres, bebés e incluso animales. La gente que dice que duerme sin sueños está equivocada. Ellos también sueñan, pero no los recuerdan cuando se despiertan. Los psicólogos creen que hay suficientes pruebas para demostrar que todo el mundo sueña, y una persona puede tener más de diez sueños cada noche. También descubrieron que cada sueño dura solo diez minutos, pero es posible que algunos sueños duren más de cuarenta y cinco minutos. A lo largo de la vida, la persona promedio soñará durante un total de más de seis años.

No puede recordar todos sus sueños

¿Alguna vez ha tenido este maravilloso sueño y ha querido recordarlo por la mañana? Puede que se haya dicho a sí mismo que lo recuerde durante el sueño o en un momento de vigilia inmediatamente después, pero se despierta por la mañana con solo la sensación de que ha olvidado algo maravilloso. Allan Hobson, un investigador de sueños, declaró que usted olvidó cerca del 95 por ciento de sus sueños unos minutos después de despertar. Escaneó los cerebros de sus sujetos mientras dormían, y encontró que el lóbulo frontal del cerebro, esencial para almacenar la memoria, estaba inactivo cuando estaban soñando.

Puede que tenga colores en sus sueños

Muchos psicólogos creen que al menos el ochenta por ciento de sus sueños tienen muchos colores. Algunas personas afirman que solo sueñan en blanco y negro. Pero si despertara a alguien durante su sueño REM y le pidiera que elija un color que acaba de ver en su sueño, elegiría cualquier color que no sea blanco o negro.

Puede controlar sus sueños

Eso suena fascinante, ¿verdad? La gente puede usar varias técnicas de sueño lúcido para controlar sus sueños. Cuando domine esta técnica, será consciente de que está soñando, aunque esté dormido. Los psicólogos creen que al menos cinco de cada diez personas han tenido sueños lúcidos, pero no son conscientes de ello. Hay bastantes individuos que tienen sueños lúcidos frecuentes. El concepto de sueño lúcido se trata en detalle más adelante en el libro.

Los sueños pueden paralizarle

Durante el sueño REM, la parte del cerebro que se ocupa de las funciones motoras está latente. Puede que haya tenido un sueño en el que le perseguía un perro y se despertó aterrorizado. Puede que haya querido mover sus músculos para salir del sueño, pero le resultó difícil o incluso imposible. Esto se llama parálisis del sueño, y no es permanente. Puede sentirse paralizado incluso después de despertar, pero esta sensación no dura más de diez minutos. Puede que haya habido sueños en los que agitaba los brazos y gritaba, o sentía su aliento atrapado en la garganta. Durante la parálisis de los sueños, ninguna de esas acciones ocurre realmente.

Interpretación de los sueños

Carl Jung es uno de los padres fundadores de la interpretación de los sueños, y creía que los sueños eran como una ventana a su mente inconsciente. Jung afirmaba que cuando una persona soñaba, identificaba diferentes soluciones a los problemas que había enfrentado o podría enfrentar cuando estuviera consciente.

Jung era un ardiente seguidor de Freud, pero no estaba de acuerdo con sus teorías y comenzó a investigar la interpretación de los sueños. Dijo que solo el soñador podía interpretar sus sueños. Dijo que ciertos símbolos comunes podían ser interpretados, pero que solo el soñador podía interpretar los otros símbolos que eran únicos para él. Hay diccionarios de sueños que describen el significado de los objetos que se encuentran frecuentemente en los sueños. La siguiente sección de este capítulo le ayuda a identificar cómo puede interpretar sus sueños.

¿Sus sueños tienen un significado oculto?

Cuando tenga un sueño, primero pregúntese si ese sueño tiene algún significado para usted. Si es así, deberá preguntarse si el sueño tiene algún significado para este.

¿Alguna vez ha tenido un sueño en el que se cae de un acantilado? Puede que se haya caído de la cama al mismo tiempo. Su subconsciente le está transmitiendo un mensaje en forma de sueño, diciéndole que se está cayendo de la cama. Los sueños relacionados con el entorno físico en el que está tienen poco o ningún significado oculto. Por ejemplo, si usted tuviera un sueño en el que se hace un ruido fuerte, puede que no tenga un impacto drástico en su vida porque es solo un reflejo del hecho de que pasa un camión ruidoso, o hay un trueno en la distancia. Su mente subconsciente a menudo incorpora los acontecimientos de su entorno físico inmediato en sus sueños. Por ejemplo, puede oír el timbre de la puerta sonando en su sueño. En realidad, el monitor del bebé podría estar zumbando. Su subconsciente le envía un mensaje pidiéndole que se despierte debido al ruido.

¿Ha tenido alguna vez una pesadilla después de ver una película de terror? Las emociones y el miedo que ha experimentado mientras veía la película se pueden traducir en sus sueños. Por eso, las circunstancias externas que provocan una cierta respuesta emocional por su parte tienen un fuerte y profundo impacto en sus sueños.

Ciertos elementos se encuentran a menudo en los sueños de la mayoría de las personas. Estos sueños provocan una amplia gama de emociones, y pueden ser interpretados fácilmente.

Sueños comunes y su interpretación

Los sueños más comunes que cada individuo ha tenido en numerosas ocasiones se discuten a continuación. Independientemente de que se pierda o se caiga, cada sueño transmite un significado específico.

Sueños de caídas

Los sueños de caídas son muy comunes. Son sueños memorables. Estos sueños indican que tiene miedo de perder o dejar ir. También indican que está ansioso por fracasar después del éxito.

Sueños de desnudez

Hay momentos en los que podría haber tenido sueños en los que le resultaba difícil cubrirse por completo. Si ha tenido este sueño, demuestra que tiene miedo de permitirse acercar a alguien. Usted es vulnerable cuando se expone a los demás.

Sueños flotantes

En estos sueños, se encuentra convirtiéndose en ingrávido y volando por el mundo que su sueño ha creado. Tales sueños simbolizan un profundo deseo de libertad.

Peligro

Estos sueños comúnmente tienen un peligro que podría estar acercándose a usted. Normalmente se siente impotente, ya que no puede moverse. Estos sueños pueden ser indicadores de que hay un peligro que puede venir en su camino. Le ayudan a identificar una solución a través de su sueño.

Persiguiendo sueños

Los sueños en los que un perseguidor conocido o desconocido le persigue indican que se siente amenazado en la vida.

Sueños de examen

Este sueño es a menudo considerado como un sueño reflejado. En estos sueños, normalmente se sueña con ser examinado. Estos sueños significan autoevaluación. Las preguntas del examen están comúnmente relacionadas con varios aspectos de su personalidad.

Los sueños comunes son un tema fascinante para los investigadores. Han descubierto que todos los seres humanos, incluso los de culturas diferentes, han experimentado una variedad de estos sueños. Algunos psicólogos tienen la teoría de que los seres humanos tienen estos sueños comunes debido a las interacciones que tienen con otras personas regularmente.

Cómo analizar sus sueños

El mayor mito sobre el análisis de los sueños es que hay reglas que deben ser seguidas palabra por palabra. Esto es, sin embargo, falso, ya que cada persona es diferente. Jeffrey Sumber, un psicoterapeuta clínico, dijo que un sueño solo puede ser entendido cuando un individuo se entiende mejor a sí mismo. Sin embargo, hay ciertas pautas que se pueden seguir para facilitar la comprensión y el análisis de los sueños.

Mantenga un registro de sus sueños

El primer paso para analizar sus sueños es tomar nota de ellos. Sumber también dijo que cuando anota sus sueños, está sacando el contenido de su inconsciente. Si siente que no puede recordar un sueño, lleve un diario al lado de su cama y escriba una nota que diga, "No hay sueños que registrar". Notará que en un lapso de dos semanas, ¡empieza a recordar sus sueños!

Identifique sus emociones en el sueño

Hágase preguntas. Identifique si estaba asustado, arrepentido o feliz en el sueño. ¿Están esos sentimientos latentes o activos cuando se despierta por la mañana? La pregunta final debería ser si se sintió cómodo o no con esos sentimientos.

Identifique los elementos de su sueño

Puede aparecer en sus sueños de múltiples maneras. Encontrará una clara distinción entre usted y sus personajes en el sueño. También tendrá que entender sus emociones hacia sus personajes en sus sueños. Pueden ser elementos recurrentes en sus sueños. Tome nota de ellos y preste mucha atención a ellos mientras interpreta su sueño.

¡Usted es el experto!

Ahora tiene un número de sueños escritos. Cuando empiece, puede usar un diccionario de sueños, que le ayudará a identificar el significado de cada elemento de su sueño. Pero debe recordar que usted se conoce mejor que nadie. Así que deje que su subconsciente le guíe para ayudarle a entender e interpretar sus sueños. Obtendrá mucha información sobre los recuerdos almacenados en su inconsciente.

Usando las diferentes guías discutidas en esta sección, puede obtener una mejor comprensión de sí mismo y de las razones de sus sueños.

Capítulo dos: Sueño lúcido

¿Alguna vez ha tenido un sueño en el que usted es un mago o un pájaro? ¿Ha soñado que estaba volando por las nubes y disparando por el cielo como Superman? ¿Ha imaginado alguna vez unas vacaciones en una isla del Caribe? Recuerda cualquier sueño que sea uno de sus favoritos; ¿lo encontró menos agradable porque era un sueño? No, disfrutó cada parte de él. Ahora, ¿cómo se sentiría si pudiera controlar sus sueños?

Como se mencionó en los capítulos anteriores, el sueño lúcido es el método por el cual un individuo es consciente de que está soñando. Si una persona está en un sueño lúcido, puede ejercer el poder del sueño. Puede cambiar la dirección del sueño y también cambiar los objetos y entidades en el sueño. Por ejemplo, si usted está en un sueño lúcido, y su entorno es su dormitorio, puede hacer que su cama vuele. Puede crear un universo completamente diferente detrás de la puerta de su dormitorio. Es como si estuviera escribiendo su propio cómic. Puede crear su propio escenario en sus sueños y ensayar para una obra de teatro o para una confrontación que podría tener al día siguiente.

Historia del sueño lúcido

La antigua práctica del yoga nidra ayuda a los soñadores a ser más conscientes de lo que están soñando. Esta era una práctica común de varias personas que seguían las tradiciones budistas. Algunos textos también muestran que el sueño lúcido era una técnica practicada en la antigua Grecia. Por ejemplo, Aristóteles, el famoso filósofo griego, dijo: "A menudo cuando uno está dormido, hay algo en la conciencia que declara que lo que entonces se presenta no es más que un sueño". También se creía que Galeno, un médico de Pérgamo, pedía a sus pacientes que usaran esta técnica para ayudarles a superar diferentes problemas y situaciones de la vida.

Los sueños lúcidos se remontan al año 415 d. C. Los investigadores encontraron la mención del Doctor Gennadius, un soñador, en una carta escrita por San Agustín que habla sobre el sueño lúcido.

Sir Thomas Browne, un famoso médico y filósofo también hizo lo posible por entender los sueños, ya que le fascinaban. También probó la técnica del sueño lúcido y escribió sus aprendizajes en el libro *Religio Medici*. Declaró que "...pero en un sueño puedo componer toda una comedia, contemplar la acción, aprehender las bromas y reírme despierto de sus presunciones".

Otro famoso filósofo, Samuel Pepys, escribió en su diario de sueños: "Tenía a mi Lady Castlemayne en mis brazos y fui admitido para usar todo el flirteo que deseaba con ella y luego soñé que no podía estar despierto, sino que era solo un sueño".

Marie-Jean-Léon, el marqués de Hervey de Saint Denys, publicó su libro "Les Rêves et Les Moyens de Les Diriger, Observations Pratiques (Los sueños y las formas de dirigirlos; observaciones prácticas)" de forma anónima. En este libro describió la técnica y también cómo se sintió cuando empleó esta técnica en sus sueños. También declaró que la gente podía despertar en sus sueños y aprender a cambiar la forma de responder a las diversas situaciones en el sueño. Era conocido como el padre del sueño lúcido.

Frederik (Willem) van Eeden, un escritor y psiquiatra holandés, escribió un artículo, "Un Estudio de los Sueños", donde hablaba sobre el sueño lúcido; fue en este artículo que acuñó este término. Algunos psicólogos consideran que "sueño lúcido" es un nombre equivocado, ya que creen que van Eeden hablaba de algo diferente a un sueño lúcido. A juzgar por sus otros trabajos, van Eeden quería que la gente tuviera más control sobre sus sueños, y por eso usó la palabra "lúcido".

Beneficios del sueño lúcido

Ahora que usted sabe lo que es el sueño lúcido, veamos algunos beneficios de esta técnica.

Usted se vuelve más consciente

Según el diccionario Merriam Webster, la lucidez es ser más consciente. Solo cuando usted extiende la conciencia a su estado de sueño se hace consciente de cada evento o situación que ocurre en su sueño. Es importante entender que esta conciencia es solo un reflejo de su sensibilidad a los diversos recuerdos y pensamientos de su mente. Cuando usted es consciente de lo que sucede en sus sueños, se hace consciente de la diferente información almacenada en su cerebro. El sueño lúcido es una técnica en la que manifiesta su conciencia tanto en su subconsciente como en su mente consciente. Hay mucho que puede mejorar cuando usted es más consciente de esta información.

La mayoría de las personas están perdidas en sus emociones y pensamientos a lo largo del día, y tienden a actuar en base a ellos. Esto es exactamente lo que sucede cuando está perdido en un sueño. Cuando está lúcido durante un sueño, comienza a enfocarse en varios aspectos de su sueño y los relacionas con los pensamientos y emociones almacenados en su mente subconsciente. Este es un cambio significativo en su proceso de pensamiento, ya que ya no reacciona a una situación basada en sus emociones o pensamientos, sino que se relacionas con ellos directamente debido a su cognición.

Usted está en un mejor control

Cuando usted es consciente de todo lo que pasa en su mente, no sucumbe a sus emociones y pensamientos. Esta técnica no solo se trata de controlar todo lo que sucede en su sueño, sino que en realidad se trata de aprender a controlar la forma en que responde a diversas situaciones. Cuando tiene este control, puede controlar sus respuestas y reaccionar responsablemente a sus pensamientos y emociones. Ya no reacciona instantáneamente a cualquier situación, sino que puede centrarse en varios aspectos de la situación antes de responder a ellos. Esta es una mejor manera para usted de lidiar con situaciones difíciles en la vida.

Prevención de las pesadillas

Cuando usa esta técnica durante una pesadilla, puede decirse a sí mismo que solo es un mal sueño y no algo que ocurre en la realidad. También puede cambiar el sueño, para que ya no sea una pesadilla. Si no puede hacer esto último, puede desafiarse a sí mismo y cambiar la forma de relacionarse con las diversas situaciones que suceden en el sueño. Solo puede hacerlo porque sabe que el sueño no es real.

Se vuelve más creativo

Cuando tiene sueños lúcidos, puede controlar cómo progresa el sueño. Cuando usted es más consciente de un sueño, puede buscar diferentes maneras de cambiar el sueño. Esto ayuda a explorar lo poderosa que es su mente y cómo puede usarla para ayudarse a cambiar su situación. Si un perro le persigue en su sueño, puede cambiarlo por un cachorro. También puede cambiar la situación en la que el perro ya no le persigue, sino que solo le olfatea, y usted puede acariciarlo.

Los sueños lúcidos le ayudan a cambiar su forma de pensar. Puede tomar lo que aprende de sus sueños lúcidos y aplicarlo a su vida diaria. Pronto aprende a cambiar las emociones o pensamientos negativos en buenos. También puede aprender a cambiar su estado de ánimo, para que esté más alegre y feliz, ya que finalmente sabe que usted crea sus experiencias.

Tiene opciones poderosas

Cuando tiene sueños lúcidos, aprende que puede elegir cómo quiere tratar sus pensamientos y emociones. Puede elegir ser testigo de sus sueños, donde deja que el sueño se desarrolle pero no cambia ningún aspecto de él, o puede cambiar algunas partes de él. Lo primero es como ver una película, mientras que lo segundo le permite cambiar el final de la película. Independientemente de lo que elija hacer, aprenderá que tiene una opción. Una vez que lo sepa, sabrá que puede elegir cómo responder a varias situaciones. ¿Se encuentra enfadado con alguien en el trabajo o en casa? Bueno, usted está eligiendo sentir eso. Puede cambiar la forma en que responde a la situación, cambiar la forma en que se relaciona con las cosas, controlar sus pensamientos y emociones, y finalmente controlar su vida.

A través del sueño lúcido, puede determinar la forma en que trabaja con sus emociones y pensamientos. Esta técnica le ayuda a entender que usted trabaja constantemente con su mente. Puede cambiar la manera en que responde a varias situaciones en su vida cuando aprende a trabajar con situaciones similares en sus sueños. Puede usar las ideas o aprendizajes de los sueños lúcidos, aplicándolos a situaciones cotidianas de su vida. Solo cuando aprende a centrarse en sus sueños es cuando aprende a estar más despierto en la vida.

Capítulo tres: Sueño lúcido y proyección astral

La mayoría de la gente tiende a usar la proyección astral y el sueño lúcido indistintamente, ya que creen que son la misma cosa. Es importante entender que estos dos son fenómenos o experiencias completamente diferentes. La diferencia más importante entre ambos es que el sueño lúcido solo ocurre en un sueño, mientras que la proyección astral ocurre en el mundo astral, que es una dimensión que no forma parte del mundo físico. Otra diferencia que hay que señalar es que la proyección astral se considera una experiencia real mientras que el sueño lúcido no lo es. Este último es solo un fenómeno en el que se es más consciente de lo que está sucediendo en el sueño, mientras que el primero es donde la persona experimenta su conciencia en el ámbito astral.

Cuando usted intenta la proyección astral, separa su conciencia de su cuerpo físico. Su conciencia entonces viaja a un plano diferente donde reside su cuerpo astral. Nunca es fácil hacer algo así, y es por esta razón que la mayoría de los practicantes utilizan ritmos específicos, conocidos como ritmos binaurales, para ayudarles a entrar en esta proyección.

Lo que debe entender es que ya existe un plano astral. Su conciencia solo está visitando ese plano, y por lo tanto, no puede cambiar o manipular nada en ese entorno. Tampoco puede cambiar la forma en que otras personas reaccionan o se comportan en ese plano. La mayoría de la gente cree que las proyecciones astrales son similares a las experiencias cercanas a la muerte, ya que su alma deja el cuerpo para moverse a una dimensión diferente. Las personas que practican la proyección astral a menudo se encuentran mirando hacia abajo a sus cuerpos físicos. Algunas personas experimentan este fenómeno cuando se encuentran en situaciones cercanas a la muerte.

Si se quiere entender mejor estas experiencias, es importante aprender las diferencias fundamentales entre los fenómenos.

En el sueño lúcido,

- Solo se experimenta un sueño
- No está consciente
- Puede estar donde quiera estar (por ejemplo, el océano, el hogar de su infancia, el desierto, etc.)
- Puede cambiar todo en su sueño, incluyendo los personajes y el entorno
- Su alma o conciencia no abandona el cuerpo
- Al final de la experiencia, se encuentra despierto

En la proyección astral,

- Está completamente despierto, y separa o proyecta su alma de su cuerpo físico
- La experiencia comienza donde está actualmente (por ejemplo, su dormitorio, oficina, sala de estar, el parque, etc.)
- Su cuerpo no tiene conciencia, ya que lo ha separado del cuerpo
- Nunca se puede cambiar la forma en que otras personas o habitantes del plano astral reaccionan a una situación

- Es fácil manipular ciertas partes de este entorno
- Cuando quiere terminar o acabar la proyección astral, su conciencia regresa al cuerpo físico

¿Es necesario el sueño lúcido para la proyección astral?

No tiene que aprender la técnica del sueño lúcido si quiere proyectar su conciencia desde su cuerpo físico. Puede aprender a proyectar su conciencia desde su cuerpo sin aprender a mantener la lucidez en un sueño. Mucha gente puede separar su conciencia de su cuerpo simplemente acostándose en su cama. Cuando se aprende la proyección astral, se puede proyectar la conciencia de su cuerpo en el cine, en un restaurante, o incluso cuando se está en el trabajo. Dicho esto, si puede mantener la lucidez en un sueño, se hace más fácil para usted aprender a proyectar su conciencia.

Como se mencionó anteriormente, algunas personas pueden proyectar su conciencia simplemente recostándose en la cama y cerrando los ojos. Otros pueden haber hecho esto sin darse cuenta de que están proyectando su conciencia fuera de su cuerpo, y pueden tener miedo de haber muerto. Pueden estar de pie junto a su cuerpo y preguntarse qué les ha pasado. Es una situación extraña, pero puede forzar a su conciencia a volver a su cuerpo. El miedo a la muerte le inclinará naturalmente a hacer esto.

Usar el sueño lúcido para iniciar la proyección astral

Es muy difícil dominar el arte del sueño lúcido. Si quiere mantener la conciencia o la lucidez en un sueño, debe asegurarse de tomar una decisión incluso cuando está dormido. Esto es algo que debe desarrollar si quiere proyectar conscientemente su conciencia en el plano astral. Si quiere separar su conciencia de su cuerpo físico, debe aprender a mover su conciencia o empujarla fuera de su cuerpo físico. Solo cuando la empuja hacia fuera puede moverla al vehículo astral, que también se conoce como cuerpo astral. Cuando separa su conciencia de su cuerpo físico, la empuja dentro de su cuerpo astral o fantasmal. Cuando domina el sueño lúcido, aprende a mantener su mente activa y consciente incluso cuando su cuerpo está durmiendo.

¿Qué es la proyección astral?

La forma más fácil de separar la conciencia de su cuerpo físico es aprender cómo funciona el sueño lúcido. Este libro le ayudará a aprender varios aspectos del sueño lúcido y lo que puede hacer para facilitarlo. Una vez que domine esta técnica, úsela como base para ayudar con la proyección astral. Cuando empiece a concentrarse en la proyección astral durante el sueño lúcido, puede que se encuentre paralizado durante unos segundos o minutos cuando se despierte. Su cuerpo solo hace esto para protegerlo en su vida despierta, y ayudar a su mente a determinar si está en un sueño o en un estado de vigilia. Cuando su cuerpo está en este estado, debe tratar de estirar o empujar su cuerpo astral lejos de su cuerpo físico. Cuando haga esto, sentirá que su conciencia o alma se está alejando de su cuerpo. No tenga miedo cuando esto ocurra, ya que así es como su cuerpo debería reaccionar.

Entendamos la proyección astral usando una analogía. Durante el invierno, usted sale de casa llevando varias capas de ropa y térmicas que se pegan a su cuerpo para darle calor. Cuando regresa a casa, se quita las capas de ropa y finalmente se estira de las térmicas. Cuando intenta la proyección astral, nota que su conciencia está tratando de estirarse lejos de su cuerpo físico, de manera muy similar a las térmicas.

Mucha gente cree que es fácil para ellos expulsar su conciencia de sus cuerpos. Creen que pueden tener una conciencia dual, y simplemente salir o moverse fuera de su cuerpo físico, pero esto no es lo que sucede. Si proyecta con éxito su alma o conciencia de su cuerpo físico y mira hacia atrás donde estaba hace unos momentos, ve que su cuerpo sigue en el sofá o en la cama. No siente que todavía está acostado, o que está en un sueño. Finalmente está despierto y está de pie junto a su cama.

Cuando se encuentra en esta situación, no puede sentir su cabeza en la almohada. Solo ve su cuerpo en esa posición. Si alguien le tirara del brazo, podría sentirlo incluso cuando ha proyectado su conciencia desde su cuerpo. Su cuerpo tiene un cordón que lo conecta a su alma o proyección astral, y lo usa para asegurar que regreses a salvo a su cuerpo. Su cuerpo querrá jalar su conciencia o alma de vuelta a él rápidamente cuando vaya al astral las primeras veces.

Cuando vaya al astral, intente empujar su alma tan lejos de su cuerpo como pueda, para que su cuerpo no pueda tirar del alma de vuelta a él. Si está listo para volver a su cuerpo, solo debe concentrarse en ese pensamiento, y su cuerpo tirará del alma de vuelta a él. Si se encuentra en situaciones terribles, puede usar la ayuda de los espíritus para guiarle de vuelta a su cuerpo.

Algunas cosas que debe saber

Hay momentos en los que puede tener un sueño lúcido, seguido de una sensación o sentimiento de que está separando su conciencia de su cuerpo físico. Debe entender que esto no es una proyección astral. Esto es solo un sueño. Si George Clooney o Julia Roberts están en su proyección astral, debe recordar que está soñando. Hay momentos en que no puede salir completamente de su cuerpo incluso cuando tiene una proyección astral, y esto puede ser muy frustrante. Si sus pensamientos no son lo suficientemente fuertes, y no puede concentrarse en empujar su conciencia fuera de su cuerpo, puede pasar muy rápidamente a un sueño lúcido. Esto no es una proyección astral, aunque puede ser una gran experiencia.

Algunas personas sienten que han experimentado la proyección astral pero no al abandonar sus cuerpos. Lo que sucede es que puede hacer que su cuerpo vibre a una frecuencia diferente que le facilite sentir el plano astral, pero su cuerpo astral no se estira. Esto puede haberle ocurrido a muchas personas que intentaron la proyección astral. Está en el plano astral, pero su conciencia no va a ninguna parte; está conectada a su cuerpo físico. Cuando hace esto, puede atraer algunas emociones, entidades o pensamientos negativos que le absorberán la energía, y esto es algo que usted no quiere.

En otros casos, puede resultar fácil separar el alma o el cuerpo astral del cuerpo físico, con la ayuda de algunas energías o entidades. Si conoce a alguien que pueda proyectar su alma o conciencia desde su cuerpo, pídale que le ayude en el proceso. Es una técnica muy complicada, y necesita tener algún entrenamiento o ayuda.

Capítulo cuatro: Sueños lúcidos y viajes chamánicos

Las definiciones de viaje chamánico y sueño lúcido varían según la cultura, y a veces de la resistencia basada en experiencias personales. Como ha leído antes, los conceptos y técnicas del sueño lúcido llegaron a existir hace miles de años. Muchas culturas indígenas todavía usan el concepto de sueño lúcido como una forma de terapia y lo practican regularmente. Los expertos creen que el sueño lúcido es una forma de terapia chamánica, un método utilizado por adivinos, curanderos y sanadores para acceder a las energías, la información y el conocimiento. Esto significa que el sueño lúcido no es un concepto fundamental por sí mismo, sino la tecnología o la base de varios métodos chamánicos.

Los conquistadores de la conciencia

Esto es extremadamente diferente de cómo la gente hoy en día aprende sobre el sueño lúcido. Se dice que el sueño lúcido es una técnica que se utiliza cuando se quiere satisfacer sus fantasías, buscar placer o entretenerse. No hay nada malo con esta definición de sueño lúcido, pero es una definición muy limitada. Muchas compañías que fabrican máquinas de sueño lúcido a menudo usan esta definición para atraer clientes y aumentar sus ventas. Le dicen a la gente que pueden buscar placer a través del sueño lúcido, y esto hace que la gente compre esas máquinas para saciar sus antojos.

Es desafortunado que la gente crea que puede lograr lo que quiera en sus sueños, ya que es solo un sueño, después de todo. El objetivo de cualquier negocio que trabaje en esta industria es aprovechar el ego del comprador. De acuerdo con la civilización occidental, es nuestro noble derecho tomar todo lo que queremos, porque nuestros deseos son lo más importante. La gente es egoísta, y cuando fantasean con sus sueños, encuentran una manera de calmar sus egos. Usan sus sueños para conseguir todo lo que quieren pero que no pueden conseguir en la vida real.

Mucha gente cree que un sueño es un bosque esperando ser saqueado. Aquellos que creen que sus sueños tienen algún significado encuentran más fácil utilizar ese significado en su vida despierta. Sigmund Freud creía que la gente usaba la interpretación de los sueños solo para satisfacer o calmar su ego. Carl Jung, sin embargo, afirmaba que la gente podía perforar su mente subconsciente durante sus sueños, aunque esto puede dañar su mente consciente.

El objetivo de una técnica de sueño lúcido es explorar su sueño, manipular o cambiar el sueño, y conquistar sus pensamientos y emociones. El sueño lúcido le coloca a usted, el soñador, en el centro de su sueño. Ya que es el creador de su paisaje, puede cambiarlo todo. Conquista su conciencia y encuentra un equilibrio entre su subconsciente y su mente consciente.

Los efectos negativos del sueño lúcido

La película "The Men Who Stare at Goats" representa vagamente algunos de los principios que hemos discutido, retratando un escenario en el que el ejército de los EE. UU. trató de desarrollar la visión remota basada en psique para identificar o detectar objetivos. La película "Inception" (El Origen) retrata un escenario en el que los militares asignaron un grupo de trabajo para identificar lugares, objetivos y personas utilizando el sueño lúcido.

Todo este trabajo fue una vez clasificado, pero ahora está disponible en la base de datos del ejército de los EE. UU. Fue en 1995 que el ejército de los EE. UU. decidió que no había manera de que la visión remota pudiera ser utilizada para lograr los mejores resultados. Varios programas, como Gondala Wish, Sunstreak y Stargate, tuvieron cierto éxito con la visión remota. Dale Graff, el anterior jefe de Stargate, explicó el proceso en su libro "Tracks in the Psychic Wilderness" (Huellas en el desierto psíquico), y mencionó cómo el equipo localizó un avión ruso utilizando la visión remota.

Esto significa que usted debe ser consistente con su práctica si quiere mantener la lucidez cuando sueña. Necesita tener una imaginación activa, pero no tiene que trabajar con ningún poder o energía superior. El chamanismo es una práctica diferente, ya que los curanderos y sanadores usan diferentes energías y poderes para competir entre ellos. También usan diferentes hechizos y hierbas. El sueño lúcido no es muy diferente del chamanismo. Robert Waggoner, un psicoterapeuta, señaló que uno puede usar el sueño lúcido para meterse en los sueños de los demás, y no se necesita ninguna máquina o herramienta para hacerlo.

El surgimiento de la espiritualidad

La mayoría de la gente cree que los sueños lúcidos se usan para estabilizar el sueño del soñador. Los sueños lúcidos, sin embargo, también pueden desestabilizar el control del soñador, y hay veces en que el sueño puede abrir puertas a otros mundos. No se puede evitar que una pesadilla sea incontrolablemente mala, aunque se mantenga la lucidez durante el sueño. Cuando se enfrenta a estos espíritus oscuros y se centra en su mente inconsciente, puede desatar su espiritualidad. La Asociación Americana de Psiquiatría ha listado la emergencia espiritual como una categoría de diagnóstico y afirma que puede conducir tanto a la angustia espiritual como a la existencial si no se controla correctamente. Usted puede tener tales sueños cuando está bajo estrés o coacción, y también cuando no está seguro de adónde le llevará la vida cuando pase de un papel a otro. Scott Sparrow, un psicoterapeuta, declaró que el miedo que algunas personas experimentan cuando tienen sueños lúcidos les ayuda a controlar sus sueños, y por lo tanto es un adversario necesario.

Muchas personas han tenido terribles calambres y otras dolencias físicas después de practicar el sueño lúcido. Metafóricamente, se puede decir que estas personas tuvieron problemas para digerir sus sueños lúcidos, y por lo tanto sintieron dolor. Ken Kelzer, un psicoterapeuta y soñador lúcido, también habla de sus síntomas psicológicos y físicos negativos después del sueño lúcido. Detalló sus experiencias en su libro, "El Sol y la Sombra". Si usted es serio acerca de los sueños lúcidos, debe hacer lo mejor para asegurarse de crear el entorno y el ambiente adecuado para sus sesiones de sueño.

Hágase las siguientes preguntas:

- ¿Es el espacio en el que estoy trabajando seguro para esta práctica?
- ¿Hay algún momento específico en el que debería practicar el sueño lúcido?
- ¿Puedo pedirle a alguien que me ayude con esta práctica?

Cómo iniciarse

A estas alturas, puede que haya comprendido que soñar lúcidamente no es fácil, y cuando se permite ser consciente de que está en un sueño, debe aprender a encontrar el equilibrio entre el control que puede ejercer y su conciencia. Esta es la única manera en que puede encontrarse con las diversas fuerzas y entidades en el reino espiritual. Es mejor mirar su sueño como una iniciación privada.

Algunas personas también tienen sueños terribles en los que se encuentran lúcidos. Pueden soñar con la muerte, el dolor y la pena, y pueden ver cadáveres, demonios, fantasmas o fuego. Estos son análogos a los diferentes sueños de iniciación que la gente tiene cuando practican rituales chamánicos. Los etnógrafos creen que estos sueños ayudan a un individuo a expresar su esencia y le ayudan a conectarse con otras energías del mundo. El siguiente es un ejemplo de un sueño lúcido tomado del libro "Parálisis del sueño: Guía del soñador".

"Estaba leyendo cuando noté que la pared (a unos 6 pies del final de mi cama) comenzó a tambalearse. Mi cuerpo estaba paralizado, incapaz de moverse. Mi respiración era como inexistente, aunque necesitaba desesperadamente más aire. De repente, se abrió en un vacío negro, como un agujero negro de 3 metros, vagamente con la forma de una figura. «Oh, Dios mío», pensé, «Estoy soñando. Esto no puede ser verdad». El agujero negro rezumaba en la habitación. Estaba más allá del terror. Todavía no entiendo cómo mi corazón no se derrumbó. La oscuridad comenzó a moldearse en una forma reconocible. Se convirtió en un diablo japonés de 9 pies de alto o un Samurai de aspecto diabólico. Con una sonrisa maliciosa, dijo: «No estás soñando. Pensaste que podrías 'integrarme'». Entonces, en un movimiento de barrido, extendió su enorme mano negra, me agarró, me metió en su boca roja como la sangre y me tragó. Entonces caí en la inconsciencia por un momento; ahora, un vórtice me arrastró hacia un abismo sin dimensiones. De repente, me escupió de nuevo en su mano. De alguna manera, me había cristalizado en un rubí rojo. Era un rubí; me sentía como un rubí. Así que, allí estaba yo, en la gran mano de un gigante, mirándolo, y él me está mirando. En ese momento de vernos, algo sucedió. Nos miramos, nos hicimos realmente conscientes el uno del otro, y entonces, hubo amor. Sé de lo que los místicos hablan o no pueden hablar. Está el creer, y luego, está el saber".

Si usted lee el sueño de la iniciación cuidadosamente, sabe que el demonio en el sueño se burló del paradigma del individuo. James Hillman, un psicólogo profundo, sugirió que la figura de su sueño no es solo una representación de lo que usted es. Es una representación de todo su ser. En el sueño anterior, el soñador se entregó al demonio y murió. Cayó en un abismo y renació con una nueva comprensión de la vida.

La revolución del sueño lúcido

La gente a menudo usa el control de los sueños como un medio para rendirse. Esto les ayuda a aprender a vivir en el presente y seguir la corriente. La mayoría de la gente usa la tensión entre trabajar con lo desconocido y mantener la conciencia en un sueño para ayudarles a conectarse con su mente subconsciente. Esto les ayuda a mantener la lucidez por períodos más largos en sus sueños. Es de suma importancia ahora para los soñadores aprovechar la energía y la sabiduría de nuestros antepasados para entender los diversos acontecimientos que tienen lugar en el mundo. Esta sabiduría puede ayudarnos a entender mejor nuestras comunidades y a evaluar los efectos de la economía en el medio ambiente y la civilización.

Lee Irwin, un famoso antropólogo, habló de cómo las visiones despiertas y los grandes sueños se integraron con visiones del mundo opuestas y paradigmas conflictivos durante el enfrentamiento entre Occidente y los nativos americanos en los siglos XVII, XVIII y XIX. Este choque llevó al surgimiento de líderes que eran a la vez curanderos y visionarios que podían liderar las fuerzas contra el Occidente colonial. Barbara Tedlock, antropóloga, habló sobre el efecto de los sueños en la civilización maya durante la guerra civil de Guatemala en la década de los 80. Las personas de esas comunidades estaban dirigidas por soñadores y visionarios que encontraron la forma de preservar sus tradiciones mientras aceptaban nuevas culturas. Estas comunidades participaron en la economía mientras continuaban siguiendo su cultura y su fe.

Dicho esto, usted no puede tener éxito solo porque tiene un sueño. Puede usar el poder de estos sueños para ayudarle a crear una plantilla, facilitándole la supervivencia contra todo pronóstico. La gente ahora conoce sus limitaciones en el mundo actual, pero todavía no son conscientes del poder destructivo del mundo. Podemos usar el poder de los sueños para prevenir la destrucción, pero para hacerlo, debemos estar abiertos a recordarlos, compartirlos con el mundo, y actuar sobre nuestros sueños con los corazones y los ojos bien abiertos.

Capítulo cinco: Preparación para el aprendizaje de los sueños lúcidos

La mayoría de los principiantes tienen muchas preguntas sobre el sueño lúcido, y este capítulo responde algunas de esas preguntas. Usted puede usar la información de este capítulo para prepararse para una experiencia de sueño lúcido.

¿Cuándo puedo tener mi primer sueño lúcido?

Los expertos creen que los principiantes pueden tener su primer sueño lúcido entre tres y treinta días después de comenzar un programa de sueño lúcido. Esto depende de su concentración y de lo bien que sigan todas las instrucciones para ayudarles a practicar la atención. Este libro es solo una guía, y hay algunas personas que ya tienen las habilidades necesarias para ayudarles a tomar conciencia de su sueño en su primer intento. Algunos pueden tardar meses o años en desarrollar esta habilidad, y si no están totalmente comprometidos con ella, pueden tardar más tiempo. Hágase las siguientes preguntas si no puede tener su primer sueño lúcido:

- ¿Paso suficiente tiempo cada mañana para escribir mis sueños?
- ¿Medito por lo menos diez minutos todos los días?
- ¿Estoy haciendo todo lo que está en mi poder para mejorar mi autoconciencia cada día?
- ¿Realizo suficientes comprobaciones de la realidad cada día? ¿Con qué frecuencia realizo estas comprobaciones?
- ¿Desarrollé un plan para lo que quiero hacer en mi primer sueño lúcido?
- ¿Estoy plantando varias ideas para mi sueño lúcido en mi mente subconsciente?
- ¿He aprendido las técnicas correctas?

¿Pueden los sueños lúcidos perjudicarme?

Usted no va a estar en ningún peligro físico, pero debe estar preparado para sentirse de otra manera. También debe asegurarse de estar abierto a tener nuevas experiencias. Ninguna de estas experiencias puede hacerle daño, pero puede que algunas de ellas le resulten un poco extrañas.

¿Puedo cambiar a un estado lúcido como principiante?

La práctica hace la perfección, pero la mayoría de la gente experimenta un sueño lúcido en unas pocas noches. Puede usar diferentes técnicas que se dan en el libro para ayudarle a mantener la lucidez en su sueño.

¿Puedo tener pesadillas en un estado lúcido?

Puede tener un sueño bueno o malo cuando duerme, y puede estar lúcido en cualquiera de esos sueños. La única diferencia es que puede estar en un sueño desagradable. Si mantiene la lucidez, puede jugar un papel activo en el control de esta situación, ya que tiene una clara comprensión de la situación en la que se encuentra. Solo cuando lo hace puede enfrentar los pensamientos e imágenes que le causan esta pesadilla.

¿Hay señales que me ayuden a saber que estoy lúcido?

Si usa los sueños para iniciar un sueño lúcido, se vuelve consciente o lúcido cuando sabe que está soñando. Si ha visto películas, sabe que algunos personajes se dan cuenta de que están soñando, pero no saben cómo controlar varios aspectos de ese sueño. Pueden gritar o despertarse bruscamente, y puede que ni siquiera recuerden con qué estaban soñando. Debe entender que esto no es un sueño lúcido.

El sueño lúcido tiene efectos muy diferentes en su vida. Cuando usted es consciente de que está soñando y lo dice en voz alta, una cierta claridad de pensamiento se precipita en su mente. Comienza a concentrarse en cada aspecto de su sueño y es más consciente de su cuerpo. El sueño lúcido se parece mucho a una experiencia de vigilia, y solo cuando se siente así puede asimilar mucha información de su entorno.

Sus sueños a menudo tienen diferentes características, y es fácil que estas características cambien incluso cuando usted tiene sueños lúcidos. Por ejemplo, es posible que esté jugando con cachorros, y estos cachorros pueden transformarse en cajas o en ropa. Sin embargo, puede volver a jugar con los cachorros si mantiene la lucidez. Estos cambios sutiles no se pueden controlar ni siquiera cuando se mantiene la lucidez durante un sueño. Su mente subconsciente juega un papel importante en esto.

¿Puedo permanecer lúcido por más tiempo?

La mayoría de los soñadores lúcidos, especialmente los principiantes, no pueden controlar la duración de sus sueños lúcidos. Pueden estar demasiado excitados en sus sueños, y esto despierta su cuerpo físico. Hay momentos en los que puede olvidar que está lúcido en un sueño, y su mente subconsciente puede tomar el control de todo en su sueño. Cuando esto sucede, se convierte en un sueño normal, ya que no tiene más control. Si quiere soñar por más tiempo, debe aprender a mantenerse concentrado y tranquilo cuando sueña. Debe aprender a mantenerse mentalmente firme y decirse a sí mismo que solo está soñando.

Una de las formas más fáciles de mantenerse lúcido en sus sueños por más tiempo es realizar controles de la realidad. Puedes decir, "Estoy soñando", en voz alta, o caminar por ahí. Esta energía estimulará su mente y la mantendrá activa. También puede hacer que su mente consciente se centre en el cuerpo de sus sueños y evitar que mire a su cuerpo físico. Si sigue estas técnicas, puede experimentar un sueño lúcido por tanto tiempo como 60 minutos.

¿Puedo añadir más elementos y colores al escenario?

Es difícil, especialmente si usted es un principiante, cambiar la escena del sueño. Una de las principales razones por las que esto sucede es que no cree que esto pueda suceder en su sueño. Como es un principiante, no entiende cómo controlar sus sueños, lo que hace difícil que cambie algo de su sueño.

La mejor manera de ayudarle a entender los límites de su control es trabajar con su mente subconsciente para entender la lógica de su sueño. Puede hacer lo siguiente para cambiar algunos aspectos del escenario:

- Camine por su sueño y encuentre la puerta. Visualice que se moverá a un mundo diferente cuando atraviese esta puerta.

- Si tiene lagos u otros cuerpos de agua en su escenario, piense en ellos como portales y salte dentro.

- También puede usar un portal espejo para pasar de su actual mundo de sueños a otro.

- Si está viendo una película o una serie de televisión, cambie la escena y salte a ella. Verá que el mundo a du alrededor se vuelve tridimensional.

- Mire a otro lado de la escena de sueño actual e imagine un cambio en la escena. Cuando finalmente se de vuelta, verá un mundo completamente nuevo.

Hay muchas cosas que puede hacer si el único problema es la creatividad. Debe recordar que su conciencia juega un papel importante cuando se trata de sus sueños. Si no está seguro de sus fuerzas y se pregunta constantemente si puede cambiar los diferentes aspectos de sus sueños, su confianza puede flaquear. Si aprende de sus errores y experiencias y se mantienes confiado, aprenderá que hay muchas cosas que puedes hacer cuando sueña.

¿Puedo soñar que estoy volando?

La mayoría de la gente quiere aprender a volar cuando tienen sueños lúcidos. A menudo quieren dominar este arte antes de hacer cualquier otra cosa. Dicho esto, si usted es nuevo en el sueño lúcido, debe evitarlo, ya que el concepto es un poco difícil de entender. Algunas personas son afortunadas, y despegan como Superman mientras que otras pueden chocar con edificios, algunas no pueden despegar del suelo debido a la gravedad, y otras se quedan atascadas en tendederos.

Tomemos el ejemplo de la película "The Matrix". Cuando Neo y Morfeo luchan en el mundo virtual, el primero vence fácilmente al segundo. ¿Por qué cree que Neo era mejor? ¿Fue porque era más inteligente, en mejor forma o más fuerte? No, todo lo que le tomó fue un poco de confianza. Creía que era mejor que Morfeo, y esta creencia le ayudó a ganar la pelea.

La misma idea funciona también con los sueños lúcidos. Tiene que aprender el arte de volar cuando tiene sueños lúcidos. Esto le facilita volar cuando domine el mantener la lucidez en sueños posteriores.

¿Pueden los sueños lúcidos causar fatiga?

Este es otro mito. La gente sueña durante el sueño REM, y puede soñar durante más de noventa minutos. Un soñador lúcido experimentado puede tener al menos tres sueños lúcidos en una semana, y cada sueño puede durar al menos quince minutos. Algunas personas creen que esto es como perder el sueño porque su mente no está en reposo, pero no es demasiado tiempo. Los sueños lúcidos pueden darle un subidón natural, que le deja con energía extra durante el día. Algunas personas experimentan sueños lúcidos cada noche, en cada uno de sus ciclos de sueño. Esto significa que un sueño lúcido no se limita solo a su sueño REM. Ellos solo han tenido sueños lúcidos, y nunca se han quejado de su falta de energía.

Algunas personas eligen tener sueños normales, y dejan de lado su lucidez cuando no tienen nada más que añadir a su sueño. Hay otros que eligen salir de su estado de lucidez. Se despiertan y abren los ojos antes de volver a la cama. Un número muy pequeño de personas han tenido problemas con sus sueños y son incapaces de dormir sin ninguna perturbación. Esto les hace sentir que les falta un poco de sueño a lo largo del día.

Si experimenta sueños lúcidos de forma natural, pero tiene miedo de la intensidad de sus sueños, visite a un médico o especialista. Debe recordar que cualquier exceso es malo para su cuerpo y su mente, y que hay una manera de salir de la lucidez.

¿Puedo quedarme atrapado en el paisaje de los sueños?

¿Cree que puede quedarse atrapado en un sueño lúcido de la misma manera que un niño puede quedar atrapado en un cuadro o una película de terror? Si es así, recuerde que no es posible, ya que es solo un sueño y no su realidad. No puede quedarse atascado en un sueño lúcido, como no puede quedarse atascado en una pesadilla o en un sueño normal. Solo las películas usan esto como argumento. Cuando esté soñando lúcidamente, puede elegir despertarte cuando quiera. La mayoría de la gente comienza a soñar lúcidamente cuando lo usan como un medio para despertar de los malos sueños o pesadillas. Puede cerrar los ojos del sueño y gritarle a su mente que se despierte. También puede usar estos momentos para ayudarle a cambiar de una pesadilla a un sueño guiado. Es posible que se absorba en un falso estado de despertar o en una lúcida pesadilla. Sin embargo, esto no es como estar atrapado para siempre en un sueño. Estos estados son tanto iluminadores como aterradores, y tienen la misma duración que su sueño REM.

¿Mis sueños representan mis habilidades psíquicas?

La mayoría de la gente tiene la idea equivocada de que sus sueños representan sus habilidades psíquicas subyacentes. Lo más importante es entender que nada se vuelve real, simplemente porque usted lo quiere. Si este fuera el caso, todo el mundo ganaría 1.000.000 de dólares o se vería exactamente como quiere. Hay poca o ninguna investigación que demuestre que los sueños tienen capacidades psíquicas. La gente ha oído hablar de un amigo que puede haber tenido este increíble sueño psíquico, así que existe la posibilidad de que tales sueños sean reales. Debe tener en cuenta que algunas historias son inventadas, y puede haber algunas coincidencias.

¿Puedo comunicarme con mi subconsciente?

Es importante recordar que sus sueños son recuerdos, emociones y pensamientos tomados de su mente subconsciente. Esto significa que hay una comunicación de dos vías entre su subconsciente y su mente consciente. Una de las formas más fáciles de hacerlo es comunicarse con uno mismo en el sueño. Puede hacerse algunas preguntas para comunicarse con su subconsciente. Esto le ayuda a fortalecer la conexión entre su subconsciente y su mente consciente.

¿Moriré en la vida real si muero en un sueño lúcido?

Esto es falso, y las investigaciones muestran que los sueños lúcidos no tienen un impacto directo en su cuerpo. Puede ser perseguido por un perro, herirse, o incluso morir en un sueño lúcido. Hay veces en las que puede haber caído de una torre o del último piso de un edificio. Esto no significa que haya muerto en la realidad. Cuando se despierta, se da cuenta de que fue un sueño, y obviamente no le mató.

¿Puedo tener falsos despertares?

Un falso despertar es una situación en la que todavía está dormido, pero su cuerpo cree que está despierto. Este es un estado mental muy diferente, y puede tener algunas experiencias vívidas similares a los sueños lúcidos. Algunas personas se levantan de la cama, se visten, toman un desayuno rápido y van al trabajo incluso en su estado de falso despertar. Pueden realizar tales acciones, ya que están en modo de piloto automático. Esto significa que la experiencia no es divertida y no puede ser controlada. Dicho esto, el realismo es bastante impactante, por lo que la mayoría de la gente no se da cuenta cuando están en un falso estado de despertar.

Los soñadores lúcidos a menudo tienen más experiencias con el falso despertar que otras personas, y esto se debe a un choque entre su conciencia y el mundo de los sueños. Es un extraño efecto secundario del sueño lúcido, pero no es peligroso. Este fenómeno también puede llevar al desarrollo de sueños en el estado de vigilia, conocidos como sueños conscientes. Muchas películas han usado falsos despertares como parte de la trama para ayudar a los espectadores a entender los miedos de los personajes. Una de las formas más fáciles de identificar un falso despertar es comprobar si está en un estado de sueño o en la realidad.

¿Puedo usar máquinas?

Hay muchas máquinas que puede usar para ayudarle a soñar lúcidamente, como REM Dreamer, DreamMask y NovaDreamer. Estas máquinas usan varios disparadores de lucidez, y su mente subconsciente usa estos disparadores en su sueño. Es su trabajo concentrarse en estos disparadores o pistas, para ayudarle a entender o ser más consciente de sí mismo en el sueño. Estas máquinas no aseguran que permanezcas lúcido durante sus sueños, pero cuando las usas correctamente, puede mejorar las posibilidades de mantenerse lúcido. Estas máquinas también pueden cambiar su conciencia de su cuerpo físico al paisaje de los sueños.

¿Cómo uso la música o los mensajes de las ondas cerebrales?

La música o los mensajes de las ondas cerebrales es una de las formas más fáciles de pasar del estado de vigilia al estado de meditación. Este entretenimiento utiliza una tecnología de audio de precisión que estimula el cerebro para pasar a un estado profundamente meditativo, tranquilo y relajado. Esta forma de entretenimiento es buena por las siguientes razones:

- Este entretenimiento le ayuda a cambiar del estado de vigilia a un estado meditativo inmediatamente, y mejora su visualización y autoconciencia, por lo que le ayuda a mantenerse aleta y consciente de sí mismo en diferentes estados.

- Esta forma de entretenimiento también le ayuda a entrar en el BAMA, o estado de Sueño Corporal/Despertar de la Mente, y esta es una de las mejores maneras de tener un sueño lúcido. También puede tener una experiencia fuera del cuerpo cuando está en este estado. Cuando está en este estado, su mente trabaja duro para asegurar que su cuerpo está en el estado de sueño y dormido.

¿Son buenas las hierbas del sueño?

Puede usar las hierbas del sueño a veces si quiere mejorar la intensidad de sus sueños. Algunas hierbas también le ayudan a recordar mejor sus sueños. Hay momentos en los que puede tener sueños significativos, vívidos y perspicaces cuando toma las hierbas del sueño. Algunos expertos recomiendan hierbas si quiere crear o tener experiencias interesantes en sus sueños. También puede experimentar con ellas para aprender más sobre su mente, cómo reacciona a los sueños y, a veces, solo por diversión.

¿Puedo inducir experiencias fuera del cuerpo (EFC) usando sueños lúcidos?

Discutimos las experiencias fuera del cuerpo, también conocidas como proyecciones astrales, en el tercer capítulo del libro. Los sueños lúcidos pueden inducir una experiencia fuera del cuerpo. Hay momentos en los que puede tener experiencias inexplicables o inimaginables incluso cuando se practican técnicas de sueño lúcido. Puede haber momentos en los que siente que su conciencia está saliendo de su cuerpo cuando tiene un sueño lúcido. Esto es probablemente solo una transición que su conciencia está haciendo cuando se mueve de su cuerpo físico al sueño o al cuerpo imaginario. Esta experiencia es como un falso despertar.

Capítulo seis: Preparación para una experiencia de sueño lúcido

La mayoría de las personas se preguntan cuán rápido pueden tener sueños lúcidos, y lo que la mayoría de la gente no sabe es que usted puede tener un sueño lúcido el día que lee sobre él. Puede tener un sueño lúcido dentro de las primeras noches de su intento inicial, ya que lo único que tiene que hacer es enfocarse en la realidad de su sueño. Esto significa que debe ser consciente de su sueño, pero es más fácil decirlo que hacerlo.

Algunas personas no son tan afortunadas, y algunas incluso pueden tardar un mes antes de experimentar un sueño lúcido. La línea de tiempo varía entre los individuos, pero algunas personas solo necesitan enfocarse en la dirección correcta para tener sueños lúcidos. Dicho esto, no debe preocuparse si no puede tener un sueño lúcido la noche que termina de leer este libro. Puede que le lleve algún tiempo prepararse mental y físicamente antes de tener un sueño lúcido. Cuando use las diversas técnicas mencionadas en este libro, sabrá exactamente lo que necesita hacer para tener sueños lúcidos. Llegará el día en que no tenga que esforzarse tanto para tener un sueño lúcido. Todo lo que necesita hacer es concentrarse en un pensamiento o imagen mientras se duerme y saber que soñará con eso por la noche.

Este capítulo se centra en algunos consejos y estrategias que puede utilizar para experimentar los sueños lúcidos. Antes de sumergirnos en estos métodos, permítanos establecer sus objetivos.

Comprenda sus objetivos

Debe hacer lo siguiente cuando aprenda varias técnicas de sueño lúcido.

- Aumente sus posibilidades de recordar sus sueños. Ya que sueña por lo menos 100 minutos cada noche, preste atención a todo lo que sucede en su sueño.

- Asegúrese de centrarse en diferentes aspectos de sus sueños, como los sonidos, las sensaciones, las vistas y los sentimientos.

- Concéntrese en sus pensamientos y aprenda a reconocer cuando está soñando. Esto significa que debe aprender a diferenciar entre los sueños y la realidad. Puede hacer esto fácilmente usando las comprobaciones de la realidad, y las cubriremos en detalle en este capítulo.

- Aprenda a ser más consciente de su vida, para que sea más consciente de sus sueños.

- Empuje su mente para que sea más consciente cuando tenga sueños. Esta es la única manera en que puede tener sueños más lúcidos.

- Aprenda habilidades de visualización para ayudarle a manifestar su sueño. También puede visualizar el estar en un sueño lúcido.

- Aprenda a enfocarse en el contenido de su sueño antes de irse a la cama. Veremos esta técnica en detalle más adelante en el capítulo.

Cuando incorpora los objetivos mencionados en su vida, puede tener sueños lúcidos todas las noches. Debe entender que sus sueños solo reflejan los recuerdos, pensamientos, emociones y experiencias que tiene durante su vida despierta. Es por esta razón que puede tener un sueño lúcido con solo pensar en algo que ocurrió durante el día.

Consejos y técnicas

Aprenda

Cuando quiere desarrollar una habilidad, debe aprender todo acerca de esa habilidad. Este libro tiene toda la información que necesita sobre el sueño lúcido, pero hay un montón de artículos y vídeos que le ayudarán en su viaje.

Use los controles

Estoy seguro de que sabe lo que es un "control de la realidad". Debería hacer al menos dos docenas de pruebas de realidad cada día, especialmente al principio. Puede disminuir el número de controles que realiza a medida que mejora y desarrolla sus habilidades. Estas pruebas de realidad no toman más de unos pocos segundos para realizarlas. Considere el siguiente ejemplo:

- Mire sus manos.
- Si hay una pared a su lado, intente empujar sus palmas a través de la pared.
- Si está en un sueño, su mano atravesará la pared, pero si no lo está, sus palmas tocan la superficie de la pared.

El objetivo de una revisión de la realidad es ayudarse a determinar si está dormido o despierto. El resultado de cualquier actividad que realice será diferente dependiendo de su estado. Cuando repite tal acción numerosas veces cada día, se convierte en memoria muscular. Por lo tanto, cuando está soñando, puede realizar la misma comprobación de la realidad o utilizar cualquier otra técnica para determinar si está en un sueño. Esto ayudará a activar la parte de su mente que se centra en varios aspectos del sueño, induciendo así a la lucidez.

Reduzca el tiempo de pantalla

Debe apagar todos los aparatos, como teléfonos móviles, portátiles, tablets, televisores, Kindles, etc., al menos una hora antes de irse a la cama. Apague todas las luces de su habitación, así anima a su cuerpo y a su mente a que se duerman. Esta es la única manera en que su cerebro libera suficiente melatonina para forzar a su cuerpo a dormir. Mantenga su entorno oscuro, ya que la luz afecta a la producción de melatonina.

Use alarmas

La mayoría de los principiantes se equivocan en este paso cuando empiezan a aprender sobre el sueño lúcido. Si sigue los pasos mencionados en esta sección con cuidado, puede mejorar. Debería poner la alarma para que suene al menos cinco horas después de acostarse. El objetivo es sacarle del sueño REM. Sin embargo, volverá a dormirse usando los métodos mencionados en los siguientes pasos y volverá a un estado de sueño lúcido. Si quiere tener éxito en el uso de este método, tenga en cuenta los siguientes puntos:

- Mantenga los ojos cerrados cuando intente apagar la alarma. Asegúrese de que su teléfono o reloj esté cerca de usted, para que pueda alcanzarlo sin tener que abrir los ojos.

- No use un sonido fuerte como alarma. Sí, la alarma debería despertarle, pero cuando usa sonidos zumbantes su mente y su cuerpo se activan, lo que le dificulta volver a un estado de sueño lúcido. Por lo tanto, use algo agradable como alarma.

No abra los ojos

Es extremadamente importante hacer esto, especialmente cuando se despierta de un sueño. Debe mantener los ojos cerrados, para convencer a su cuerpo de que vuelva a dormirse. Su mente, sin embargo, debe estar ligeramente despierta.

Use WBTB

Despierte de nuevo a la cama, o WBTB (Wake Back to Bed) es un método que se utiliza para entrenar a su cuerpo a volver a dormir incluso cuando su mente está alerta. Puede haber momentos en los que se despierta repentinamente del sueño. Es durante esos momentos cuando debería aprender a volver a dormir mientras su mente está todavía activa, facilitándole el mantener la lucidez cuando tiene un sueño. Esto puede sonar imposible, pero puede dominarlo si practica lo suficiente. Veremos este método en detalle más adelante en el libro.

Medite

En las secciones anteriores, vimos lo importante que es para usted separar su cuerpo y su mente. Si practica la meditación correctamente, puede desarrollar estas habilidades. Los monjes budistas son el mejor ejemplo aquí. Pueden meditar hasta diez horas sin tomar un descanso. Se olvidan del hambre y no les molestan los ruidos que les rodean. Se sientan quietos, lo que significa que no mueven ni un solo músculo de su cuerpo. Sin embargo, están mirando hermosas visiones y experimentando todo lo que sucede a su alrededor de manera diferente. Se preguntará cómo pueden lograr algo tan brillante como esto. Pueden hacerlo, ya que han separado su mente de su cuerpo. Sus cuerpos están en una posición y estado de descanso, mientras su mente está activa. Ya que el sueño lúcido es similar a esto, usted debe desarrollar el mismo conjunto de habilidades.

Use recursos musicales

Muchas personas usan recursos como los pulsos binaurales y el ruido blanco para enfocarse, concentrarse o dormir. Estos recursos también le ayudan cuando quiere experimentar un sueño lúcido. Las diferentes frecuencias que se tocan en estos aparatos musicales siempre entran en sus oídos al mismo tiempo. Sin embargo, su cerebro sigue viendo estos ritmos o música como una sola frecuencia, lo que le facilita la concentración. Hay numerosos videos en

YouTube con estas pistas, o puede descargar una aplicación que tenga una variedad de música. Si quiere usarlos para tener sueños lúcidos, debe asegurarse de que la frecuencia de esta música coincida con la frecuencia de las ondas cerebrales que le ayudan a tomar conciencia durante el sueño. Los expertos recomiendan que se ciña a la música entre la frecuencia de 4 y 8 Hertz.

Juegos

Cuando juega a juegos como *Counter-Strike* o *Age of Empires*, estás en un mundo completamente diferente. Puede explorar y aprender más sobre cada aspecto de este universo. Si juega a juegos como *Defense of the Ancients* o *Dungeons and Dragons*, puede asumir un papel. A veces, puede que quiera tomar un camino diferente al de sus compañeros de equipo, solo para ver qué hay. Esto también es lo que debe hacer cuando duerme. Cuando se encuentre en un mundo diferente, concéntrese en varios aspectos de ese mundo y explórelo. Se hace más fácil hacer esto en sus sueños cuando juega a los videojuegos cuando está despierto.

Tome Galantamina

La mayoría de los pacientes con Alzheimer reciben este suplemento natural para mejorar su memoria y la función cerebral. La galantamina es una sustancia vegetal que se encuentra en plantas como el lirio de araña y los dientes de león. La sustancia se puede usar por vía oral. Según el estudio, "Explorando los efectos de la galantamina junto con la meditación y el sueño, reviviendo los sueños recordados: Hacia un protocolo integrado para la inducción de sueños lúcidos y la resolución de pesadillas (2018)", este suplemento mejora la calidad del sueño durante su etapa REM. También alarga su sueño, facilitando así que recuerde sus sueños. El estudio también demostró que las personas que tomaron este suplemento tenían una mayor probabilidad de experimentar un sueño lúcido que aquellos que tomaron placebos.

Tome suplementos

Los expertos recomiendan que tome suplementos de vitamina B6 si quiere tener un sueño lúcido. Hay pocas investigaciones para determinar la correlación entre el sueño lúcido y esta vitamina, pero según el estudio "Efectos de la Piridoxina en el sueño: Un estudio preliminar (2002)", la vitamina B6 aumenta los niveles de serotonina en su cuerpo, lo que hace que sus sueños sean más coloridos. También puede tener sueños vívidos si toma estos suplementos, y esto hace que sea más fácil recordarlos a la mañana siguiente.

Tiempo

Debes entender que le llevará tiempo aprender una nueva habilidad. Por lo tanto, dese el tiempo suficiente para hacer lo siguiente:

- Mantener un diario en el que escriba sus sueños
- Medite y visualice el sueño durante el día
- Mantenga una rutina antes de irse a la cama
- Aprenda más sobre el sueño lúcido
- Prepárese para la cama

No es recomendable que practique ninguna técnica de sueño lúcido si tiene una vida ocupada. Si trabaja todos los días o es estudiante, tiene algunos compromisos de tiempo que pueden dificultar que se dedique un tiempo regularmente para centrarse en estas técnicas. Lo ideal es que dedique al menos treinta minutos cada día para desarrollar las habilidades necesarias. Por lo tanto, planifique su día con antelación, para que tenga suficiente tiempo para practicar las técnicas de sueño lúcido.

Disciplina

Debe mantener un enfoque disciplinado si quiere aprender a mantenerse lúcido cuando sueña, lo cual es un poco como aprender un nuevo deporte o habilidad técnica. Solo cuando practica se convierte en un mejor jugador o codificador. Puede que no consiga los resultados esperados cuando intente mantener la lucidez en sus sueños las primeras veces. Solo está sentando las bases para ayudarle a ser más consciente de sus sueños en el futuro. Si se compromete con su rutina y técnicas, puede sacar el máximo provecho de los sueños lúcidos. Por lo tanto, debe ser disciplinado en su enfoque. Debe ser consistente con los diversos consejos y técnicas que use por lo menos durante treinta días.

Pasión

¿Había alguna tarea en el trabajo que odiaba hacer? ¿Se esforzó tanto para completar esta tarea como para completar sus tareas favoritas? El objetivo de estas preguntas es ayudarle a entender que la pasión es lo que hace que el aprendizaje sea más divertido. Solo cuando le apasiona algo, se siente motivado a seguir con el entrenamiento. Esta es la única manera en que puede mantener la lucidez durante sus sueños.

Consejos para facilitar un sueño lúcido

Puede ser extremadamente divertido tener un sueño lúcido, pero es un viaje difícil. La experiencia también puede ser desalentadora. Dicho esto, cuando tenga un sueño lúcido, puede cambiar su vida para mejor. Hemos visto algunos de los beneficios de los sueños lúcidos antes en el libro.

Esta es una habilidad que debe desarrollar, y como cualquier otra habilidad, le lleva algún tiempo ser consciente de estar en un sueño. No hay una sola manera de hacerlo, y hay numerosos métodos que se pueden emplear cuando se trata de mantener la lucidez durante el sueño. Esta sección enumera algunos métodos para ayudarle a comenzar su viaje.

- Use un diario de sueños regularmente y tome nota de al menos un sueño después de que se despierte si puede recordarlos.

- Medite durante diez minutos cada día, para que sea consciente de sus pensamientos y emociones.

- Busque diferentes señales en sus sueños para ayudarle a ser más consciente o lúcido cuando tenga sueños con señales similares.

- Pregúntese si está soñando. También puede realizar una acción física para ayudarle a determinar si está soñando o no.

- Puede usar un spray con un aroma relajante o llenar su almohada con esencias para calmar su mente.

- Tome algunas píldoras para soñar lúcidamente; quiere aumentar la intensidad o la viveza de sus sueños.

- Si se despierta o se sacude cuando tiene un sueño, use el método de sueño lúcido inducido por la vigilia para ayudarle a volver a dormir y seguir siendo consciente de su sueño.

- Compre un buen colchón, especialmente si quiere dormir bien.

- Cuando se quede dormido, concéntrese en lo que le rodea y observe cualquier alucinación que pueda tener.

- Puede inducir sueños lúcidos a través de los olores usando la aromaterapia. Esta forma de sueño lúcido se conoce como "Sueños lúcidos inducidos por olores".

- Observe la postura que mejor funcione para usted. Relájese en esa postura antes de irse a la cama.

- Experimente con diferentes técnicas de sueños lúcidos. Cubriremos algunas de ellas en detalle más adelante en el libro.

- Utilice una aplicación de sueños lúcidos para controlar sus pensamientos y emociones cuando se vaya a la cama. Puede descargarlo en tu portátil o en su teléfono.

- Mire un video antes de ir a la cama, preferiblemente un video de sueños lúcidos, para motivar o estimular su mente a ser consciente durante un sueño. También puede escuchar mensajes subliminales o sesiones de hipnosis de sueño lúcido.

- Use hierbas de sueños para tener sueños memorables y vívidos.

- Puede aumentar la intensidad de sus sueños comiendo queso antes de ir a la cama.

- Si tiene problemas para dormir, especialmente durante su ciclo REM, visite a un médico, y encuentre una manera de deshacerse de estos problemas.

- Cuando sea consciente de un sueño, también puede pedirle al sueño que le ayude a mantenerse lúcido cuando tenga otros sueños. Esto estimulará a su cerebro a permanecer consciente durante todos los sueños.

- Visualice o manifieste una trama que quiera ver en su sueño. Puede usar películas de sueños lúcidos para ayudarle a hacer esto.

- Dese un tiempo cada día para soñar despierto. Esto le ayuda a explorar varias fantasías y realidades.

- Puede usar la inducción mnemotécnica para ayudarle a tener sueños lúcidos. Use esta técnica justo antes de irse a la cama. Veremos esta técnica en detalle en el próximo capítulo.

- Si no es muy bueno recordando los sueños a la mañana siguiente, puede poner la alarma durante su ciclo REM. Cuando se despierte, y si ha tenido un sueño, escríbalo en su diario antes de volver a dormir. Alternativamente, también puede usar un reloj digital que pite cada 60 minutos. Puede usar este pitido para recordarse a sí mismo que debe realizar un chequeo de la realidad en su sueño.

- Lea más sobre el yoga nidra.

- Si se queda dormido en varios lugares, anime a su subconsciente a tener falsos despertares.

- También puede usar diferentes métodos para tener experiencias fuera del cuerpo, como la proyección astral.

- Puede entrar en un sueño lúcido a través de la parálisis del sueño.

- Si contar le hace dormir, cuente hacia atrás cuando se sienta somnoliento. Diga, "Estoy soñando", antes de pasar al siguiente número de la secuencia.

- Puede dormir durante el día, especialmente después de un entrenamiento.

- Relájese cada fin de semana, y practique las técnicas mencionadas en el libro. Este enfoque le ayuda a determinar la técnica que funcione mejor para usted.

- La mayoría de la gente tiene miedo de los sueños lúcidos porque piensan que pueden dañar su conciencia. Esto, sin embargo, no es cierto. Todo lo que debe recordar es que la lucidez o la conciencia es una herramienta positiva y poderosa que puede usar para crecer.

- Duerma por lo menos ocho horas cada noche.

- Puede meditar antes de dormir o mientras duerme.

- Utilice la tecnología de los sueños lúcidos si puede permitírselo.

Puede usar diferentes métodos para facilitarle la práctica de los sueños lúcidos. Si esto es abrumador, recuerde que esto es solo una visión general de los diferentes métodos que puede usar. Si quiere empezar a tener sueños lúcidos esta noche, utilice los siguientes métodos para ser más consciente durante el sueño.

Realice una comprobación de la realidad

Cuando sueña, debe determinar si está realmente en un sueño. Puede pisar con el pie o arrancar una flor dependiendo de dónde esté en su sueño.

Visualice el sueño

Puede planear lo que sucede en su sueño lúcido. Concéntrese en su deseo, cierre los ojos y visualice ese pensamiento o deseo. También puede visualizar y concentrarse en ser consciente de su sueño.

Repita sus pasos

Si se despierta en medio de la noche, repita todos los pasos que hizo antes de irse a la cama. Esto le ayuda a dormirse fácilmente.

Asegúrese de no olvidar estos consejos. Estas técnicas pueden sonar un poco raras o extrañas, y habrá veces en las que puede preguntarse por qué las está siguiendo. Es normal sentirse así. Es posible que no siempre obtenga los resultados correctos al utilizar estas técnicas. Dicho esto, solo cuando domine sus fundamentos podrá pasar a las técnicas avanzadas. Cuando tiene un sueño lúcido, finalmente aprende a diferenciar entre los sueños y la realidad.

Como usted es principiante, es importante que mantenga una rutina para que su conciencia permanezca lúcida o consciente durante un sueño.

Mantenga una rutina

Esta sección le da una rutina básica que puede usar para facilitar un sueño lúcido.

Medite

Hay momentos durante el día en los que se está en un estado de medio sueño, y durante estos estados, se puede sentir somnoliento o tranquilo. Cuando se sienta así, acuéstese en su cama o en un sofá y relájese. Deje que sus pensamientos y emociones vayan a la deriva. Lo único en lo que debe concentrarse es en forzar a su cuerpo a dormirse mientras está consciente. Para ello, concéntrese en el fino cordón que conecta su cuerpo con su conciencia, y utilice el cordón para alejar su mente de su cuerpo. Este no es solo un ejercicio muy relajante, sino que también crea sensaciones hipnagógicas. Puede ver patrones geométricos, sentirse como si estuviera flotando, o ver algunas impresiones de sueños. La meditación es una gran manera de mejorar sus habilidades de visualización y conciencia.

Diario

Si quiere soñar lúcidamente con frecuencia, lleve un diario de sueños. Anote sus sueños cuando se despierte cada mañana. Pase al menos cinco minutos cada mañana para anotar cada sueño que tuvo. Esto no solo le facilita recordar sus sueños sino que también le ayuda a mantener la lucidez cuando sueña. Este paso es extremadamente importante, y por lo tanto, no debe ignorarlo.

Plantando una idea

En este paso, puede plantar una idea o pensamiento en su subconsciente para que sueñe con la idea más tarde. Esto no se parece en nada a la creación, ya que la idea es suya. Una de las formas más fáciles de plantar una idea en su mente subconsciente es visualizar o fantasear sobre el personaje o la trama durante el día. Considere el siguiente ejemplo: cuando ve una película de terror, piensa constantemente en el demonio o fantasma que le persigue. También visualiza formas y otros objetos en la oscuridad, que pueden darle pesadillas. De la misma manera puede usar sueños y pensamientos felices para tener buenos sueños. Estos sueños y pensamientos felices aparecerán en su sueño si son sinceros. Alternativamente, también puede usar el concepto de visualización y manifestación para convencer a su mente de que tendrá sueños lúcidos esta noche. Si hace de este pensamiento el último de su día, definitivamente tendrá un sueño lúcido.

Ha apagado su alarma, así que ahora cierre los ojos y empiece a concentrarse en el sueño; aquí es donde empieza la magia. Cuando se concentra en su sueño, su cuerpo pronto comienza a dormirse. Sin embargo, esto probará si su mente aún está despierta. Su cuerpo puede decirle a su cerebro que necesita acurrucarse, rascarse la nariz, ponerse las mantas sobre la cabeza, etc. No lo haga. Cuando no se mueve, su cuerpo cree que está dormido. Liberará el control, y su mente inconsciente tomará el control. Ve formas, colores, imágenes y vistas escénicas, y todo esto se une para crear formas e imágenes. Todo esto se unirá y tomará alguna forma. Cuando usted es consciente de estas imágenes y formas, finalmente es consciente de sus sueños.

Cosas que hacer cuando esté consciente

Ahora que sabe lo que es un sueño lúcido, debe aprender qué hacer cuando se da cuenta o está lúcido en su sueño. Si no sabe lo que debe hacer, puede que se emocione demasiado y se despierte de su sueño. Utilice las siguientes técnicas para ayudarle a estabilizar el sueño cuando se dé cuenta de que está en un sueño:

- Mírese y observe sus movimientos
- Camine y concéntrese en cómo se sienten sus pies en el suelo
- Diga algo en voz alta
- Frote sus palmas
- Sienta la sensación de cada movimiento cuando camina o da vueltas en su sueño

No puede estar lúcido en un sueño si no usa las técnicas adecuadas. Las técnicas mencionadas estimulan su mente, lo que le facilita convertir su sueño en realidad. Si estimula su mente y estabiliza su presencia o conciencia en el sueño, puede hacer que este sueño dure más tiempo.

Cosas para hacer en su sueño

Una vez que aprenda a estabilizar sus pensamientos y emocione en un sueño lúcido, también debe aprender a explorar con calma todo lo que le rodea. Nunca debe hacer cambios en el sueño o en cualquier aspecto del mismo demasiado pronto. No haga algo demasiado lujoso, como teletransportarse a la cima de la Torre Eiffel, cuando se encuentre consciente por primera vez en su sueño. Si lo hace, puede entusiasmarse demasiado, y esto puede hacer que se despierte. Cuando empieza con un sueño lúcido, es mejor que camine o flote por ahí, mire el entorno y se empape de cada objeto y aspecto de ese entorno. Debe recordar que su sueño es solo su realidad virtual, y esto es tanto vivo como tangible. Esta es la única manera en que puede continuar soñando lúcidamente.

Capítulo siete: 5 técnicas de sueño lúcido

La gente ha usado diferentes técnicas para tener sueños lúcidos. Este capítulo cubre algunas de las técnicas más simples aprobadas por los psicólogos.

Sueño lúcido inducido por el sueño (DILD)

Como se mencionó anteriormente, un sueño lúcido inducido por un sueño es aquel en el que uno se da cuenta de que tiene un sueño dentro de otro sueño. Este método es fácil y amigable para los principiantes. La mayoría de las personas que quieren probar el sueño lúcido usan esta técnica. Lo más importante que hay que recordar sobre el sueño lúcido es que debe ser consciente o estar lúcido en su sueño. Algunas técnicas comunes del DILD son:

Concientización de ADA durante todo el día

Cuando se es plenamente consciente de uno mismo a lo largo del día, se puede distinguir fácilmente entre un sueño y el mundo real. Puede usar las diversas técnicas mencionadas anteriormente (comprobación de la realidad) para ayudarle a ser más consciente de sus sueños.

Usando controles

La mayoría de la gente nunca piensa que está soñando, ya que su mente siempre cree que está despierta. Cuando decide realizar controles regulares de la realidad, se hace más consciente del mundo de los sueños y del mundo real. Sus sueños se vuelven más claros y vívidos cuando mejora su conciencia.

Autohipnosis

La autohipnosis es un estado en el que usted está relajado. Esta técnica es más como programar su mente para tener un sueño lúcido.

Señales del sueño

Como se mencionó anteriormente, una señal en su sueño puede ser una señal que le ayude a determinar si está en un sueño o no. Cuando presta atención a estos indicios y señales, empieza a notarlos mucho más. Esto le ayuda a tener más lucidez en sus sueños.

CAT o Técnica de Ajuste de Ciclo

Daniel Love fue el que creó esta técnica, y existen tres pasos que debe seguir cuando usa esta técnica.

Paso uno

Ponga la alarma al menos sesenta minutos antes de la hora habitual en que se despierte. Debería hacer esto todos los días durante al menos dos semanas para ayudar a su reloj corporal a reajustarse, porque puede que no tenga un sueño lúcido cuando empiece con esta técnica.

Paso dos

Después del decimocuarto día, puede volver a su horario anterior, pero despierte más temprano cada dos días. Esto significa que debe seguir la secuencia: temprano, normal, temprano, normal. Cuando se acueste, hágale saber a su cuerpo que quiere despertarse más temprano de lo normal, y asegúrese de realizar suficientes controles para determinar si está dormido o despierto. Debe prepararse para madrugar antes de irse a la cama cada noche.

Puede quedarse dormido los días en que se despierte a la hora habitual, pero evite quedarse dormido durante más tiempo, para no interrumpir su nuevo ciclo.

Paso tres

Su cuerpo finalmente aprende a madrugar y esperará que su mente también lo haga. Como el cuerpo está activo, estimula su mente, que a su vez ayuda a su mente a retener la conciencia incluso cuando sueña. Esto aumenta las posibilidades de estar lúcido en un sueño, y puede tener sueños lúcidos al menos cuatro veces por semana.

Entonces, ¿qué cree que debe hacer cuando se despierta más temprano de lo normal? Puede hacer casi cualquier cosa, pero asegúrese de no volver a dormirse. Siga realizando controles de realidad todos los días y hágalo lo más a menudo posible cuando se despierte más temprano de lo habitual. Esto le ayuda a estimular su mente y a mantenerla activa durante todo el día. Así podrá seguir con normalidad a lo largo del día. Solo cuando hace más comprobaciones de realidad su mente puede diferenciar entre un sueño y la realidad.

WBTB

WBTB es un acrónimo de "Wake Back to Bed", y es una técnica simple. Esta es otra forma de DILD. La mayoría de la gente combina esta técnica con la técnica MILD, ya que es una de las mejores maneras de mejorar el sueño lúcido. Los siguientes son los pasos a seguir para realizar esta técnica:

- Ponga la alarma para dentro de cinco horas después de que se haya acostado.

- Tómese una hora antes de acostarse para leer más sobre el sueño lúcido. Esto envía las señales correctas a su cerebro y lo estimula para que permanezca activo durante todo el sueño.

- Cuando suene la alarma, no abra los ojos pero obligue a su cuerpo a volver a dormir mientras su mente está todavía activa. Alternativamente, también puede caminar mientras se concentra en su sueño.

Existen algunas cosas más que debe saber sobre esta técnica.

Como se mencionó anteriormente, usted tiene sueños vívidos o lúcidos durante la etapa de sueño REM. El primer estado de sueño REM se produce una hora después de dormirse, y tiene estados de sueño REM adicionales cada noventa minutos después del primer estado. El objetivo de esta técnica es despertar durante el estado REM y volver a dormir tan pronto como sea posible. También debe asegurarse de volver a su sueño y ser consciente de que está en un sueño. Es mejor visitar un laboratorio del sueño o tener a alguien vigilándole cuando duerme. Es la mejor manera de cronometrar las fases. Debería repetir este método hasta que sepa cuándo está en su estado REM.

Dormir más durante el estado REM

Debería dormir más tiempo durante su estado de sueño REM. Puede dormir un poco más durante el sueño REM, y una de las formas más eficaces de hacerlo es atenerse a un horario de sueño. También debe asegurarse de dormir todo el tiempo que pueda, para que se despierte con una sensación de frescura y relajación. Puede ser difícil de manejar esto, considerando que, en el siguiente paso, debe despertarse unas cuantas veces cada noche. Si no puede volver a dormirse inmediatamente, debe buscar un método diferente. No intente esta técnica más de dos veces por semana.

Despertar

Si duerme durante ocho horas cada noche, debe poner la alarma para que suene cuatro o cinco horas después de que se duerma. Definitivamente vas a estar en un estado de sueño REM durante esas horas, pero no siempre puede precisar cuándo comienza. Las fases REM pueden durar más tiempo en las fases posteriores, y usted puede tener sueños más lúcidos y vívidos.

Mantenerse despierto por un tiempo

Cuando se despierte, debería despertar y escribir su sueño en su diario, si es que tiene uno. Puede caminar por ahí o conseguir algo de comer. El objetivo es asegurar que permanezca consciente, y que su mente esté alerta y activa. Su cuerpo, sin embargo, sigue dormido y lleno de las hormonas adecuadas. Los expertos dicen que puede permanecer despierto hasta 30 minutos antes de que le resulte difícil mantener la lucidez en sus sueños.

Concéntrese solo en el sueño

Debería concentrarse en su sueño antes de irse a dormir. Después de que haya caminado un poco, cierre los ojos y vaya a la cama. Si pudiera recordar el sueño que estaba teniendo, debería recordarlo antes de volver a la cama. Visualice que está de vuelta en el sueño, y esto puede tomar algún tiempo para que suceda. Sin embargo, hay una buena posibilidad de que vuelva a tener ese sueño.

Busque otras formas de concentrarse

Si le resulta difícil concentrarse en su sueño cuando intenta volver a dormirse, debe utilizar diferentes formas de concentrarse en su sueño. Si no recuerda nada de su sueño, puede concentrarse en algunos pequeños movimientos, como mover los dedos. Debe repetir este movimiento hasta que se duerma.

MILD

MILD es un acrónimo de "Inducción Mnemotécnica de Sueños Lúcidos", y es mejor combinar esta técnica con WBTB. Necesita concentrarse cuando usa este método para practicar el sueño lúcido.

En esta técnica, usted usa mantras o frases para ayudarle a convencer a su mente de mantener la lucidez en sus sueños. Puede repetir este mantra, "Sé que estoy soñando", antes de ir a la cama. Esta es la forma más fácil de convencer a su mente de que solo está en un sueño. También puede pasar algún tiempo durante el día para visualizar un posible sueño. Puede decirle a su mente que quiere volar en su sueño. Repita esta visión para sí mismo hasta que esté seguro de que el pensamiento se ha manifestado en su mente, o hasta que se quede dormido.

Esto puede tomar tiempo para dominarlo, pero si está luchando, trate de convencerse de que debe despertar inmediatamente después de su sueño. Alternativamente, puede usar el método WBTB para hacer esto. Cuando esté despierto, trate de recordar su sueño, y haga una nota de ello en su diario. Antes de volver a la cama, concéntrese en su sueño y visualícelo. Debe usar esta técnica solo después de haber practicado el sueño lúcido durante algún tiempo.

Autosugestión

La autosugestión es una técnica muy eficaz y se ha utilizado en la investigación científica. Esta técnica incluye la hipnosis, por lo que solo se utiliza si se está cómodo con la hipnosis. Utilice un mantra similar al que usamos en el capítulo anterior. Debería repetirse a sí mismo que tendrá un sueño lúcido. Repita este mantra continuamente para convencer a su mente de que tendrá un sueño lúcido. No fuerce este pensamiento en su mente, ya que puede cambiar la forma en que su mente percibe la idea del sueño lúcido.

También puede usar esta técnica para ayudarle a recordar sus sueños. En lugar de decirse que tendrá un sueño lúcido esta noche, diga a su mente que recordará sus sueños a la mañana siguiente. Cuando se concentra en este pensamiento, puede recordar el sueño a la mañana siguiente. Este método puede ser efectivo, pero no funciona para todo el mundo. Si quiere mejorar las posibilidades de éxito, use la meditación para calmar su mente.

Siga los pasos que se indican a continuación para utilizar esta técnica:

- Debe repetirse a sí mismo cada minuto que tenga algún tiempo que tendrá un sueño lúcido. Esta es la única manera de convencer a su mente de que permanezca activa durante un sueño.

- Puede usar cualquier mantra. Considere los siguientes:
    - Sabré que estoy soñando
    - Tendré un sueño lúcido esta noche
    - Definitivamente seré consciente de todo en mi sueño

Continúe repitiendo este mantra hasta que se vaya a la cama. Debe asegurarse de permanecer concentrado y asegurarse de decir la misma frase repetidamente. Esta es la única manera en que puede hacer saber a su mente que permanecerá activo o lúcido en su sueño.

Esto puede sonar extremadamente simple, pero esta técnica funciona mejor si recuerda ser consistente. Lo único que debe recordar es que nunca debe forzarla. No fuerce el sueño lúcido o el pensamiento de un sueño lúcido, pero deje que su mente se haga consciente o lúcida en su sueño.

WILD

El método WILD es la técnica de "Cuerpo dormido y mente despierta" de la que hablamos antes en el libro. Esta técnica hace que sea fácil para usted entrar en un estado de sueño lúcido directamente. Siga los pasos que se dan a continuación si quiere usar esta técnica:

- Lo primero que debe hacer es acostarse en su cama y cerrar los ojos. Alternativamente, puede despertarse después de cuatro horas de sueño. Para ello, debe relajarse tanto mental como físicamente.
    - La mejor manera de relajarse es meditando. Esta es una de las formas más fáciles de cambiar de su estado de vigilia a su estado de sueño.
    - Asegúrese de no moverse demasiado, pero reléjese.
- Cuando esté relajado y tranquilo, concéntrese en la oscuridad y deje que sus pensamientos vaguen. Necesita seguir cualquier pensamiento o imagen que le venga a la mente cuando esté en este estado. Esto se conoce como hipnagogía. Según el diccionario Merriam Webster, "Una alucinación hipnagógica es una sensación vívida y onírica que un individuo

oye, ve, siente o incluso huele". Ocurre cerca del comienzo del sueño". Lo único que debe hacer es relajarse y mantener la calma.

- Ahora, cree su escena de sueño. Cuando deje que sus pensamientos le lleven, puede crear la escena adecuada para sus personajes y su sueño. Visualice su sueño con todos los detalles que pueda. Dedique un tiempo a mirar los alrededores. Esta es la única manera en que su conciencia se eleva.

- Finalmente está en el estado de cuerpo dormido y mente despierta, donde su cuerpo está dormido, pero su mente está despierta. Cuando todo esté finalmente en su lugar, estará soñando. Pasa del estado de vigilia al estado de sueño conscientemente.

Método del Tercer Ojo

El método del tercer ojo, también conocido como el método de los chakras, es una de las técnicas comunes que utilizan los principiantes para mantenerse lúcidos o conscientes cuando sueñan. Si usa esta técnica, debe enfocarse en el chakra del tercer ojo o en el espacio entre las cejas. También debe seguir un patrón de respiración sincronizada, ya que ayuda a que su mente se relaje. Esto hace que sea más fácil para usted ser consciente de sus sueños. El método del tercer ojo se basa en la técnica WILD, y la única diferencia es que este método utiliza la meditación. Utilice este método antes de probar el método de los sueños lúcidos inducidos por la vigilia. Siga los pasos que se dan a continuación para practicar esta técnica:

- Lo primero que debe hacer es ir a la cama y acostarse. El objetivo de este método es asegurarse de que solo se concentre en la energía de su chakra del tercer ojo. Así que, respire profundamente y enfóquese en su tercer ojo.

- Ahora, lentamente comience a enfocarse en tener sueños lúcidos. Cuando se queda dormido, su mente permanece activa y se enfoca en tener sueños lúcidos. Esto es similar al paso WILD, y puede cambiar fácilmente del estado de vigilia al estado de sueño.
- Lo último que necesita hacer es concentrarse en su respiración. Debe concentrarse en cada aspecto de su sueño, para que tenga un sueño lúcido esa noche.

Capítulo ocho: Cómo explorar su Tierra de los Sueños

Hay innumerables posibilidades y escenarios que puede explorar en un sueño lúcido. Los sueños lúcidos no se rigen por los principios generales de tiempo y espacio que regulan el mundo físico. Sin embargo, algunas personas no son conscientes de lo que deben hacer o de dónde empezar una vez que están en un sueño lúcido. Si no sabe qué hacer después de llegar allí, se anula el propósito del sueño lúcido por completo. Para sacar el máximo provecho de su sueño lúcido, aquí hay algunas sugerencias simples que puede utilizar.

Empiece a volar

¡Canalice su superhéroe interior y empiece a volar! Esta es quizás una de las cosas más emocionantes que puede probar en un sueño lúcido. Sin embargo, no empiece a volar a menos que se haya estabilizado en el sueño lúcido. Si lo hace demasiado rápido, es probable que se despierte. Si alguna vez se ha preguntado qué se siente al volar como un pájaro en el cielo, ahora es el momento de explorarlo. Para empezar a volar, visualice que una poderosa energía está explotando en sus pies, trabajando contra la fuerza de gravedad, y empujándole hacia arriba.

Pruebe la acrobacia

¿Quiere pasar de una liana a otra como Tarzán? ¿O quizás saltar de un edificio a otro como la elegante Gatúbela? Si es así, ¡pruebe con las acrobacias! No tiene que preocuparse por lesiones físicas o mortales mientras se balancea sin esfuerzo como un acróbata. Salte de un edificio a otro o incluso dé una voltereta para ver hasta dónde puede llegar. Deje que su artista del Cirque Du Soleil le guíe.

Conozca a los famosos

¿Quién no querría conocer a sus celebridades favoritas? Independientemente de si es una estrella de cine o un jugador de fútbol, puede conocer a quien quiera en su mundo de ensueño. Todo lo que necesita hacer es simplemente visualizar a la persona que desea conocer y creer que estará presente en algún lugar de su mundo de los sueños. Por ejemplo, podrían vivir en la calle que usted ha visualizado, y solo tienes que ir a la casa específica. Después de todo, no hay límites cuando se trata de un sueño lúcido, y no tiene sentido restringirse o limitarse por las restricciones del mundo normal.

Intente el teletransporte

Cualquiera que haya visto películas de ciencia-ficción se siente a menudo intrigado por la idea de la teletransportación. Imaginen lo simple que sería moverse de un lugar a otro sin mover un dedo. En lugar de eso, usará el poder de su mente. No tiene que viajar físicamente, pero todo lo que necesita hacer es pensar en un destino, y voila, está allí. Si esta idea le fascina, no hay mejor momento que el presente para empezar a explorarla. Una vez que se haya inducido a un sueño lúcido, intente la teletransportación. Puede saltar de un lugar a otro, o incluso de un mundo a otro. Es bastante fácil; todo lo que necesita hacer es visualizar el lugar al que quiere ir, y hacer que exista. Después de que visualice el lugar, empiece a girar lentamente, y crea que llegará a su destino una vez que deje de girar.

Conviértase en una estrella de cine

¿Por qué debería limitarse a conocer a sus celebridades favoritas? Ahora tiene el poder de convertirse en una estrella de cine. Si quiere estar en una película, puede crear su propia película en el país de los sueños. Usted es el actor, director, productor y guionista. Si hay una película que se gusta, puede intentar recrearla. Si quiere, también puede hacer que otras celebridades protagonicen su película soñada. Para experimentar realmente el poder del sueño lúcido, intente hacer sus sueños tan realistas como pueda. Visualice cada pequeño detalle y experimente todos los sentimientos.

Sexo en sueños

Si ha tenido sexo antes, es muy fácil conjurar todos estos sentimientos en su sueño lúcido. El sexo en sueños lúcidos es bastante emocionante, y es una de las cosas más increíbles que puede experimentar. Debe recordar, si acaba de empezar con el sueño lúcido, el guardar todas las cosas excitantes para más tarde. A menos que aprenda a ponerse en la base del sueño lúcido, cualquier actividad excitante que haga le despertará. Por lo tanto, primero concéntrese en dominar el arte del sueño lúcido antes de soñar con cosas excitantes.

Con todo, su mente es extremadamente poderosa, y necesita tener en cuenta que no debe seguir visualizando a la misma persona en todos sus sueños lúcidos. Puede llegar a ser difícil distinguir entre la realidad y los recuerdos del mundo de los sueños. Aprenderá más sobre las cosas que no debe hacer en el mundo de los sueños en capítulos posteriores.

Control del pensamiento

¿No sería asombroso y divertido si pudiera leer la mente? La capacidad de saber lo que otros están pensando es un pensamiento emocionante, y los humanos han estado explorando esta posibilidad durante años. Puede mirar a alguien y saber con precisión lo que está pensando sin ningún filtro y sentir lo que está experimentando. Si quiere hacer esto, puede usar el control del pensamiento. Simplemente mire un personaje ficticio en su lúcido espacio de sueños y canalice su conciencia desde su cuerpo hacia el personaje del sueño para discernir lo que está sintiendo.

Cambie de forma

¿Por qué no intenta cambiar de forma? Puede transformarse en cualquier bestia que camine por la Tierra. Tal vez pueda transformarse en un guepardo y experimentar lo que es ser el ser vivo más rápido de la Tierra. O quizás podría transformarse en la majestuosa ballena azul. Tal vez podría intentar transformarse en una criatura ficticia, como el grifo o el dragón. Imagine lo que se sentiría ser un dragón que respira fuego y que se eleva en el cielo.

Aléjese de la Tierra

Varias películas de ficción científica han explorado la idea de la vida en otro planeta. Si alguna de estas ideas le ha intrigado alguna vez, ahora es el momento de probarlas. Tiene el poder de alejarse de la Tierra y vivir en otro planeta. ¿Por qué no intenta viajar a Marte o quizás a Júpiter? Tiene la libertad de volar a donde quiera y visitar cualquiera de los planetas. Si quiere ser un poco más creativo, ¡puede pensar en inventar su propio planeta!

Reviva los recuerdos

Probablemente usted tiene muchos recuerdos agradables que le llenan de alegría. Con un sueño lúcido, usted tiene la oportunidad de revivir esos recuerdos. Si hay algún caso en su vida en el que desea reaccionar de forma diferente o tener una respuesta diferente a la situación, intente revivirlos una vez más. Cuando se trata de un sueño lúcido, tiene completo control sobre lo que sueña y cómo progresa el sueño.

Flote en el espacio

¿Quiere sentirse como un cosmonauta en el espacio? Bueno, ahora es su momento para hacer esto. Si quiere, también puede darle un vistazo para ver cómo es el universo. El mundo es ciertamente bastante grande, y se vería brillante desde el espacio. Una vez que aprenda a volar perfectamente en su sueño lúcido, use este nuevo súper poder para viajar hacia arriba. Atraviese la estratósfera hasta llegar al espacio exterior.

Escuche música

Todo lo que experimenta en el sueño se magnifica más de lo que realmente es en la realidad. Por lo tanto, incluso una pequeña actividad se vuelve más pronunciada y profunda. Algo tan simple como escuchar música puede ser elevado y llevado al siguiente nivel. Si quiere, puede organizar un concierto personal con su cantante favorito o incluso escuchar ópera. En un sueño vívido, si escucha música, el efecto general es ciertamente amplificado. Todas las emociones y pequeños matices de la música que a menudo se nos escapan en el mundo real se magnifican en los sueños lúcidos. Una vez que escuche música en sus sueños lúcidos, cambiará realmente cómo se siente en el mundo real. Todo lo que experimente en el país de los sueños se quedará con usted porque es consciente y está al tanto de todo, incluso mientras sueña.

Pruebe algo nuevo

¿Tiene miedo de salir de su zona de confort? Si es así, probar algo nuevo en su sueño lúcido es una buena idea. Después de todo, un sueño lúcido ayuda a crear un ambiente seguro para explorar lo que quiera sin preocupaciones. Si quiere saltar en paracaídas, intente hacerlo en un sueño lúcido. Aunque nunca lo haya hecho antes, todos los recuerdos que se le han quedado grabados en la mente por los vídeos que ha visto o las historias que ha escuchado pueden ser reproducidos en el estado de sueño.

Cámara lenta

Vivimos en un mundo increíblemente agitado y ocupado. Todo el mundo parece tener prisa por llegar a algún sitio. Tan pronto como se despierta por la mañana, tiene que vestirse y correr al trabajo. Una vez que el trabajo termina, tiene que correr a casa. Si quiere darse un respiro de todo este apuro, tómese un descanso y entre en su mundo de los sueños. Puede vivir la vida a cámara lenta en sueños lúcidos. Tiene el poder de ralentizar el tiempo y vivir la vida a cámara lenta. Cuando está extremadamente ocupado, es muy poco probable que pueda notar las pequeñas cosas de la vida. Por ejemplo, puede que no tenga tiempo para ir más despacio y oler las rosas. En un sueño lúcido, tiene todo el tiempo que necesita para hacer todo esto. Cuando viva la vida en cámara lenta, puede finalmente experimentar la belleza del amanecer y el atardecer, el gorjeo de los pájaros y las simples alegrías de la naturaleza.

Controle el tiempo

¿Qué tan maravilloso sería si pudiera controlar el tiempo? Con el sueño lúcido, puede volver a su pasado, explorar el futuro o conectar con su presente. Independientemente de lo que quiera hacer, tiene el poder de hacerlo. Puede ralentizar el tiempo y también puede controlarlo. Puede volver a visitar un suceso histórico, reescribir la historia en su mente, o hacer una visita rápida a su futuro.

Sexo opuesto

A menudo se dice que los hombres son de Marte y las mujeres de Venus. ¿Alguna vez tuvo curiosidad sobre lo que el sexo opuesto siente y piensa? Ahora es el momento de entender cómo sería vivir la vida como su sexo opuesto. Puede hacer todo esto sin cirugías costosas, dolorosas y complicadas. Siga la misma técnica que se mencionó para el teletransporte. Visualice lo que quiere lograr, comience a girar, y una vez que deje de girar, se transformarás en su sexo opuesto. ¿Recuerda el movimiento, "Cambiar"? El personaje principal de la película, un macho alfa, se transforma en una mujer. ¡Bueno, puede probar esto también!

Explore otro personaje

Puede conjurar cualquier personaje que quiera en su estado de sueño y convertirse en ese personaje. De hecho, puede transformarse en cualquier persona que quiera ser. ¿Por qué limitarse a las celebridades y a los famosos? Puede transformarse en su mejor amigo, compañero, padre, o incluso un conocido en el trabajo. Esta es también una gran manera de entender cómo piensan los demás. Literalmente se pone en el lugar de otra persona. Si le cuesta asociarse con los demás o le falta empatía, pruebe esta técnica. Puede explorar con seguridad sus límites y los de los demás sin ningún daño. Intente tener conversaciones con este personaje de ensueño o con la persona en la que se transforma.

Otra idea sencilla es explorar la mente de sus personajes de ensueño. Por ejemplo, si sale a tomar una copa con sus amigos, imagine el escenario en su cabeza. Intente jugar a lo que dirían los demás mientras se divierte. Esta técnica es útil mientras analizas las diferentes relaciones de su vida. Por ejemplo, si tiene dudas sobre si una relación es saludable o no, intente hacerlo.

Sobreviva a un Apocalipsis

¿Le gusta ver películas sobre el apocalipsis? Ya sea una invasión de zombis, un ataque alienígena, o tal vez el fin del mundo, independientemente de lo que le guste, tiene la oportunidad de experimentarlo todo. ¿Se ha divertido viendo una película de zombis? Imagine lo divertido que sería si usted fuera parte de esa película. Otra cosa brillante de esta técnica es que puede usar sus otros súper poderes para derrotar a estos zombis o monstruos que ha imaginado. Por ejemplo, puede volar como Superman, canalizar su Hulk interior, o hacer cualquier otra cosa que quiera. Sin embargo, mientras lo hace, asegúrese de que el sueño no se convierta en una pesadilla. Cuando las cosas empiecen a ponerse feas, reúna conscientemente sus pensamientos y cambie el guión. Después de todo, el propósito de un sueño lúcido no es despertarse con sudor frío.

Encuentre su guía espiritual

Tal vez una de las cosas más interesantes y brillantes que puede hacer mientras explora un sueño lúcido es encontrar su guía espiritual. Su guía espiritual o ángel guardián le mantendrá a salvo y le ayudará a encontrar soluciones a cualquier problema que pueda estar experimentando en la vida. A veces, el truco está en decir simplemente: "Quiero encontrar a mi guía espiritual". Se cree que necesita preguntarle a la entidad, "¿Eres mi guía espiritual?" tres veces para confirmar que es su guía espiritual real y no una entidad malévola. Aprenderá más sobre esto en los capítulos siguientes. Si la entidad no lo confirma tres veces, no es su guía espiritual. No olvide esta regla cada vez que llame a su guía espiritual en el mundo de los sueños.

Lidie con sus miedos

¿Tiene algún miedo o fobia? Tal vez le asusten los espacios cerrados o el hablar en público. Tal vez las arañas o las aguas profundas le asustan. Independientemente de sus miedos, puede explorar con seguridad la causa de sus miedos en un sueño lúcido. Siempre que se sienta abrumado o asustado, puede terminar el sueño o convertirlo en algo agradable.

Practique los escenarios de la vida real

¿Hay algún escenario de la vida real que le intimide o le abrume? Tal vez estaba nervioso por una gran presentación en el trabajo, o una entrevista de trabajo. O tal vez tiene miedo de tener una cita. Independientemente de la circunstancia, puede ensayar y practicar para ello en su mundo de los sueños. En lugar de ensayar todo esto en el mundo real, hacerlo en el mundo de los sueños es más fácil. También le permite explorar la misma situación desde la perspectiva de otra persona y no solo la suya. Así que, la próxima vez que se encuentre preocupado por una entrevista, recurra a sus sueños, y las cosas serán más fáciles.

También puede entrenarse para hablar delante de grandes grupos para deshacerse de cualquier miedo que tenga. Una advertencia: no intente experimentar con demasiados escenarios de la vida real. Puede que llegue a una etapa en la que empiece a creer que ha hecho o dicho algo en la realidad, cuando todo lo que hizo fue pensar en ello en el mundo de los sueños. No querrá quedarse atrapado en una situación en la que crea que tuvo una llamada telefónica importante, solo para darse cuenta de que solo fue un sueño.

Una vez que siga los diferentes consejos discutidos en esta sección, disfrutará realmente de un sueño lúcido. Sin embargo, tenga paciencia consigo mismo. El sueño lúcido es una habilidad que debe desarrollar lentamente. Puede tomar un par de intentos, pero los resultados le dejarán gratamente sorprendido. Antes de intentar cualquier actividad excitante, no olvide concretar el sueño. Después de que el sueño se haya estabilizado, deje que su creatividad se desate y explore lo que quiera.

Capítulo nueve: Encontrando los guías espirituales en sueños lúcidos

¿Qué es un guía espiritual?

¿Hubo ocasiones en las que usted hizo algo que no tenía ningún sentido, pero que resultó ser exactamente lo que se suponía que debía hacer? Tales casos a menudo le dejan preguntándose por qué actuó como lo hizo. Si tuvo tales experiencias en la vida, entonces es una interacción con su guía espiritual. Un guía espiritual es una entidad que tiene poder y tiene la energía que utiliza para comunicar ciertos pensamientos, sentimientos, respuestas y curación a otros. Los guías espirituales irradian energía positiva y ofrecen asistencia de una forma u otra. Se les conoce como guías porque ayudan en una situación implantando un pensamiento en su cabeza para mantenerle a salvo. Los guías espirituales también son conocidos como ángeles guardianes. Puede conocer a estos guías espirituales en su tierra de los sueños.

Tipos de guías espirituales

Los guías espirituales pueden ser en forma de guías ancestrales, maestros ascendidos, un guía espiritual común, o incluso guías animales. Un guía ancestral es una entidad con la que usted tiene alguna forma de relación o que está relacionada con usted y su familia. Podría ser un ancestro muerto hace mucho tiempo o alguien a quien una vez estuvo cerca y ya no lo está. Cualquiera con sus mejores intenciones y que tenga un parentesco con usted, a menudo se reencarna en un guía espiritual. Sus guías ancestrales están relacionados con usted por sangre y a menudo se cree que son ángeles guardianes en diferentes culturas.

Un maestro ascendido es un individuo que realiza reiki o cualquier otro tipo de curación energética. Los maestros ascendidos son seres físicos que llevan una vida física pero que han pasado a planos de energía más elevados, como Lord Krishna, Buda o incluso Jesús. Los maestros ascendidos a menudo trabajan con un grupo de almas y no solo con seres individuales, a diferencia de los guías ancestrales.

Un guía espiritual típico es a menudo simbólico o representativo de un guía específico y puede adoptar la forma de un narrador, una harpía sabia o incluso un guerrero. Normalmente aparecen con un propósito específico. El propósito es a menudo enseñarle o incitarle a seguir un buen camino. También pueden ayudar a resolver cualquier problema que usted pueda estar enfrentando. Otro tipo común de guía espiritual que puede encontrar son los guías espirituales animales. Los guías espirituales animales funcionan más como compañeros. Por ejemplo, podría encontrarse con una mascota fallecida que estaba allí para ayudarle en el proceso de duelo. Según las tradiciones espirituales que prevalecen en las culturas chamánicas y en ciertas culturas nativas americanas, cada individuo tiene un tótem animal o un guía espiritual animal, que le ayuda a protegerse de las energías negativas o actúa como luz guía.

Encontrado su guía espiritual

Ahora que usted es consciente de lo que es un guía espiritual, trate de concentrarse en encontrar uno en su tierra de los sueños. Hay diferentes técnicas que puede usar para encontrarse con uno, pero no se desanime si no funciona inmediatamente. Como con cualquier otra cosa en la vida, requiere algo de tiempo, esfuerzo y paciencia. Aquí hay algunos consejos simples que puede usar para encontrar y conocer a su guía espiritual.

Meditación

La meditación es una herramienta poderosa porque ayuda a conectar su subconsciente con los vastos poderes del universo. Antes de empezar a meditar para encontrar a su guía espiritual, asegúrese de que su mente esté libre de todo pensamiento y desorden. Concéntrese solo en encontrar a su guía espiritual y nada más. No piense en la meditación como un destino. Más bien, es un viaje. Para empezar este viaje, visualícese en un bosque sereno, en la playa, en una ladera de montaña o en cualquier lugar que le relaje. No piense en nada más, y concéntrese solo en explorar los alrededores. Mientras empieza a explorar el paisaje de ensueño, es probable que se encuentre con su guía espiritual.

Como se mencionó en la sección anterior, su guía espiritual es un arquetipo y podría venir en diferentes formas. La forma del guía espiritual es simplemente una representación de ciertas características y rasgos que usted valora. Por ejemplo, su guía espiritual podría tomar la forma de Martin Luther King Jr. No significa que sea su guía espiritual, sino que es una representación y la encarnación de los rasgos apreciados por usted, como la libertad, la resistencia y el coraje.

Busque señales

Una forma sencilla de conocer a su guía espiritual es pedirle una señal o un presagio. Los guías espirituales a veces se presentan a través de símbolos y señales. Estos símbolos, señales y presagios pueden ser bastante básicos o complicados. Todo lo que necesita hacer es simplemente buscarlo. A menos que le haga una pregunta al guía espiritual, no obtendrá la respuesta que necesita. Si se encuentra en un dilema, pida una sugerencia o una solución, y una vez que haya hecho su petición, empiece a buscar señales.

Por ejemplo, si está considerando cambiarse a un nuevo lugar, pero tiene miedo de hacerlo, pida a su guía espiritual algún consejo. Si nota algunas señales, como una conversación al azar con un amigo perdido hace mucho tiempo en la misma ciudad a la que estás pensando en mudarse, o quizás note vehículos con matrículas de la zona a la que está pensando en mudarse, son señales que pueden aparecer en momentos y lugares al azar. Todo lo que necesita hacer es buscarlas conscientemente. Si encuentra estas señales, significa que un guía espiritual está tratando de llegar a usted.

Viaje de ensueños

Un viaje de ensueño es bastante similar a la meditación y también se conoce como búsqueda de la visión. Es esencialmente una técnica usada para encontrar su guía espiritual a través de la mente subconsciente. A diferencia de la meditación, en la que usted está despierto, el viaje en sueños ocurre en su estado de sueño. Está dormido mientras realiza este viaje con un propósito. El sueño lúcido puede ayudarle a conectar con su guía espiritual. Antes de dormir, concéntrese en su propósito de encontrar al guía espiritual, y concéntrese en lo que está tratando de lograr. Si encuentra a alguien durante sus sueños lúcidos, no olvide anotarlo tan pronto como se despierte. Anote sus conversaciones, y toda la información que obtenga de la otra persona.

Intuición

¿Hubo ocasiones en las que una pequeña voz en su cabeza le incitó a hacer algo? Tal vez le dijo que era hora de seguir adelante, de ir en otra dirección, o de escuchar lo que los demás decían. La vocecita que a menudo le habla es su intuición. La mayoría de nosotros despreciamos nuestra intuición, pero es bastante poderosa.

La voz intuitiva, que le guía en la dirección correcta o le previene del daño, podría manifestarse como su guía espiritual. Para identificar la presencia del guía espiritual, escuche esta voz interior, y evalúe las sugerencias que le da. Si sus ideas intuitivas son correctas y le ayudan, es su guía espiritual tratando de conectarse con usted.

No hay reglas rígidas y rápidas sobre los guías espirituales. Puede tener uno o varios guías espirituales que se turnan y aparecen en su vida. Recuerde, un guía espiritual solo aparece en momentos de necesidad y no cuando los llama. A menos que haya una necesidad real, un guía espiritual podría no aparecer, así que no se desanime.

Conecte con su guía espiritual

La orientación está siempre a su alcance, pero no la recibirá a menos que la pida expresamente. Si necesita ayuda para resolver un problema o un dilema, pídale ayuda a su guía espiritual. Cuanto más pida, más posibilidades tendrá de recibirla. Eso no significa que no deba confiar en sí mismo. Simplemente significa que está pidiendo un poco de ayuda para llegar a donde quiere. Un taxi no se detendrá por usted a menos que le haga señas agitando sus brazos; de la misma manera, sus guías espirituales podrían no llegar a usted porque usted no los ha solicitado. No se trata solo de preguntar; asegúrese de escuchar los consejos de sus guías espirituales. No puede escucharlos a menos que calme su mente y libere su desorden mental. Una vez que se calme, se hace más fácil conectar con su guía espiritual. Puede usar la meditación para alcanzar este objetivo.

Puede pedir ayuda a sus guías espirituales anotando todas las áreas en las que necesita ayuda. Comience con la meditación y tome un diario. Escriba su problema, pida ayuda a los guías espirituales y empiece a escribir los pensamientos que fluyen en su cabeza. Para buscar la ayuda de su guía espiritual, puede decir algo como, "Querido guía espiritual de la verdad, el amor y la compasión, te invito a escribir a través de mí, así sabré lo que se supone que debo saber".

Su trabajo no termina aquí. Después de que busque orientación, también debe estar atento a las señales. Como se discutió en la sección anterior, los guías espirituales a menudo ofrecen orientación a través de diferentes señales, símbolos y presagios. Empiece a buscar estas cosas.

Antes de empezar a seguir ciegamente los consejos que reciba de sus guías espirituales, es importante comprobar si la entidad que encuentra en el país de los sueños es su guía espiritual o no. A veces, las energías malévolas o cualquier otra persona que invada sus sueños puede aparecer como su guía espiritual. Así que preste mucha atención a los consejos que reciba. Si intenta el consejo y nada bueno sale de él, es otra señal que no debe ignorar. Incluso si su guía espiritual se parece a su pariente o a alguien en quien confía, ser cauteloso es una buena idea. Si toda la información que recibe del espíritu va en contra de sus creencias, la lógica o el sentido común, la entidad con la que está interactuando podría no ser su guía espiritual. Aprenderá más sobre cómo protegerse de las energías negativas y los invasores de sueños en los capítulos siguientes.

Capítulo diez: 14 cosas que NUNCA hay debe cuando sueña lúcidamente

El sueño lúcido es divertido y excitante. Le permite hacer lo que quiera y explorar su creatividad sin preocupaciones. Ya que tiene el poder de hacer lo que quiera, es importante permanecer en el estado mental correcto y tener buenas intenciones en el corazón. Incluso si es seguro, hay ciertas cosas que nunca debe intentar durante el sueño lúcido. Solo porque tenga el poder de hacer lo que quiera, no significa que deba hacerlo. El propósito del sueño lúcido es explorar su subconsciente; aprender, experimentar y explorar. Por lo tanto, debe evitar cualquier cosa que no sea positiva o constructiva. En esta sección, vamos a ver ciertas cosas que nunca debe intentar durante el sueño lúcido.

Error #1: Violencia

Soñar lúcidamente es diferente a jugar a un videojuego violento. Recuerde, un sueño lúcido no es un episodio de *Grand Theft Auto*. Cada escenario que explora y las diferentes personas que aparecen en ellos son extensiones de su personaje y su subconsciente. Así que, cualquier violencia contra otras entidades en su sueño es simplemente una forma de auto daño. Si hace daño a alguien, se hace daño a sí mismo, y usted no desea eso. Como el sueño lúcido es extremadamente vívido, cualquier daño físico o violencia dirigida a otros podría mantenerse fresca incluso después de despertar.

Error #2: Falta de planificación

La planificación es importante en todos los aspectos de su vida, y un poco de planificación también es importante para soñar. Si comienza a soñar lúcidamente sin un plan o una meta en mente, es probable que termine simplemente parado ahí u olvidando lo que se supone que debe hacer. Por lo tanto, antes de empezar a soñar lúcidamente, asegúrese de tener un objetivo específico en mente. No solo mejora su experiencia general sino que también se convierte en una oportunidad de aprendizaje. Repita su objetivo, justo antes de dormirse, o piense en ello todo el día. Una vez que este objetivo se incrusta en su subconsciente, se queda con usted incluso en el país de los sueños.

Error #3: Actividades extremadamente emocionantes

Darse el gusto en actividades extremadamente emocionantes puede terminar con el sueño lúcido. Si su mente está demasiado estimulada, es muy probable que se despierte del sueño. Antes de intentar hacer algo emocionante, asegúrese de haber estabilizado en el mundo de los sueños y en el sueño mismo. Por ejemplo, si se da cuenta de que está soñando lúcidamente, y su primera actividad es saltar a la cama y tener sexo caliente, es poco probable que el sueño continúe. Lo más probable es que se encuentre muy despierto e inquieto en la cama. Antes de que intente algo de esto, asegúrese de tener algo de práctica sobre el sueño lúcido. Una vez que domine las diferentes técnicas discutidas en este libro, será más fácil darse el gusto en actividades excitantes.

Error #4: Cerrar los ojos

Cuando cierra los ojos en el sueño lúcido, se despierta. Cuando está soñando lúcidamente, está viendo y experimentando cosas desde su perspectiva. Al cerrar los ojos, está terminando ese sueño de manera efectiva. Si su objetivo es terminar el sueño y despertar, entonces cierre los ojos.

Error #5: Pensar en su cuerpo

Centrarse en el sueño y permanecer en el país de los sueños cuando está lúcido se hace difícil si sigue pensando en su cuerpo de la vida real. Si el único pensamiento en su mente es acerca de su cuerpo físico acostado en la cama, ¿cómo puede concentrarse en el sueño? Si quiere permanecer inmerso en el sueño y desea cosechar los diversos beneficios del sueño lúcido, deje de pensar en su cuerpo.

Error #6: Recuerdos de la vida real

Deje de pensar en situaciones que se parecen a sus recuerdos o experiencias de la vida real. Aquí hay un ejemplo simple: supongamos que usted está en un sueño lúcido, y está hablando con un posible cliente. Ha negociado con éxito los términos de un contrato y ha cerrado el trato. Si está muy eufórico y feliz cuando se despierta, puede creer que el sueño lúcido fue una realidad, y ha cerrado el trato. ¿Por qué sucede esto? Los sueños lúcidos son bastante vívidos, y a veces, estos recuerdos pueden mezclarse con los de la vida real. Por lo tanto, lo más simple que puede hacer es evitar pensar en recuerdos que son bastante similares a su vida despierta.

Error #7: Pensamientos malos o negativos

Los aterradores sueños lúcidos pueden sonar intrigantes y excitantes. ¿Quiere evitar las pesadillas durante los sueños lúcidos? Si es así, evite pensar en cosas malas o negativas. Recuerde, un sueño lúcido es una extensión de su subconsciente. La forma más simple de evitar que los pensamientos negativos o malos se desvíen hacia sus sueños lúcidos es meditar o repetir las afirmaciones positivas antes de dormir. Un pensamiento positivo hace una mejor experiencia de sueño lúcido. Además, un sueño lúcido no es un escape o un mecanismo de supervivencia. Lidie con cualquier problema que tenga en la vida antes de intentar resolverlo en el país de los sueños.

Mucha gente usa los sueños lúcidos para explorar sus miedos y preocupaciones más oscuros. O tal vez le encanta el género de terror y quiere ver si puede sobrevivir a su película de terror favorita. Inicialmente, sería mejor evitar todos los pensamientos negativos y de miedo. Está en un estado especial del subconsciente durante el sueño lúcido. Si no quiere intensificar más sus miedos, evite pensar en ellos. Puede intentar superar sus miedos una vez que le haya cogido el truco al sueño lúcido. Si no, ¡simplemente está induciendo pesadillas!

Error #8: Recrear individuos consistentes de la vida real

La gente que conoce puede aparecer en algunos de sus sueños lúcidos. Es bastante normal soñar con otras personas que conoce. Sin embargo, deje de obsesionarte con una sola persona. Si alguien que conoce aparece repetidamente en sus sueños lúcidos, su mente creará recuerdos falsos. Como se mencionó en los puntos anteriores, usted puede regular su subconsciente en la tierra de los sueños lúcidos. Si sigue saliendo con una persona específica en el país de los sueños, tiene varias conversaciones y hace cosas juntos, sus recuerdos de la vida real se vuelven borrosos. Su cerebro se confundirá cuando se encuentre con dicha persona en la vida real. También podría estar decepcionado cuando no sienta la conexión especial que tuvo en el país de los sueños. Todo esto se debe a los recuerdos confusos. Como regla general, evite pasar demasiado tiempo en sueños lúcidos con gente que conoces en la vida real.

Error #9: Excesivo control

Puede controlar y dictar el curso que toma un sueño lúcido. Dicho esto, ejercer demasiado control quitaría la experiencia mágica que se supone que es el sueño lúcido. Si acaba de empezar o no tiene mucha experiencia, no puede ejercer mucho control sobre sus sueños. No se frustre si no puede controlar su estado de sueño. Simplemente significa que necesita más práctica para dominarlo. Requiere práctica, esfuerzo constante y mucho tiempo. Una vez que esté dispuesto a comprometerse y a hacer el esfuerzo requerido, disfrutará realmente de los beneficios de un sueño lúcido.

Error #10: Mirarse en los espejos

¿Qué pasa cuando cierra los ojos o piensa en su cuerpo en la vida real? Ambas cosas le despertarán. De la misma manera, mirarse en un espejo hace lo mismo. Puede ser emocionante, y puede que tenga curiosidad por ver su reflejo en un espejo durante un sueño lúcido. Sin embargo, trate de entender que los espejos no funcionan como lo hacen normalmente en la vida real durante el sueño lúcido. Si va a mirarse en un espejo mientras sueña, espere que sea diferente. A veces, el reflejo en el espejo puede ser un poco aterrador, y puede despertarle. Por lo tanto, entienda lo que puede esperar y acepta el hecho de que el reflejo puede ser un poco aterrador. Una vez que esté preparado, no se despertará accidentalmente. Otro escenario probable, que debe considerar es que el espejo podría reflejar lo que está sintiendo y su estado mental general. Si está en un estado feliz y tiene pensamientos positivos, el reflejo sería más positivo, y viceversa.

Error #11: No establecer un límite de tiempo

El sueño lúcido es divertido y excitante. Sin embargo, tenga cuidado con el tiempo que pasa en la tierra de los sueños. Si el sueño lúcido es la única razón por la que se va a la cama por la noche o es el aspecto más excitante de su día, algo está mal. Como con cualquier otra cosa en la vida, tiene que haber algún equilibrio. Cuando se desequilibra, las cosas se vuelven locas, y se derrumba por completo el propósito del sueño lúcido. No use el sueño lúcido como un mecanismo de escape. No es un mecanismo de supervivencia para lidiar con las realidades de la vida. En cambio, aprenda a lidiar con sus preocupaciones y use el sueño lúcido como una herramienta para explorar su subconsciente. Si pasa demasiado tiempo con el sueño lúcido, se impide vivir la vida como se supone que debe hacerlo.

Error #12: No hacer nada

No hacer nada, simplemente explorar la tierra de los sueños o vagar por ella, no es una buena idea. Estas actividades ayudan a estabilizar el sueño, y eso es todo. Una vez que haya estabilizado el sueño, empiece a explorar el país de los sueños. Si no hace nada, simplemente está desperdiciando una oportunidad. Evite cualquier control constante de la realidad mientras esté en el país de los sueños. Disfrute del sueño lúcido porque es una experiencia mágica. No hacer nada le quita la magia a esta experiencia. Es una de las razones por las que debe planear antes de empezar a soñar lúcidamente.

Error #13: Girar rápidamente

Antes de intentar hacer algo en el sueño lúcido, el primer paso es estabilizar el sueño mismo. Una forma sencilla de hacer esto es girar en círculos. Cuando gira, hágalo lentamente y solo por un tiempo. Si da demasiadas vueltas, puede que se despierte. Para asegurarse de estar soñando, una o dos comprobaciones de la realidad le ayudarán. No se pase de la raya y no compruebe constantemente si está en el estado de sueño. Girar demasiado rápido puede estimular su sistema nervioso y despertarle del sueño.

Otra cosa que debe evitar es tratar de volar cuando aún no está listo. Puede parecer una idea genial volar en sueños. Después de todo, todos pensamos en ello en algún momento, y el lúcido paisaje de los sueños le da la oportunidad de intentarlo. Si acaba de empezar, evite intentar volar. Si intenta hacerlo demasiado rápido, su cerebro consciente se activa, y empieza a hacerle preguntas lógicas como "¿Cómo puedo volar?" o "No puedo volar debido a la gravedad". Estas cosas le despertarán y pueden llevarle a una experiencia frustrante.

Error #14: Pensar: "Puedo hacerlo más tarde".

Si usted es consciente de que está en un sueño lúcido y tiene ganas de hacer algo, intente hacerlo lo antes posible. Lo más probable es que se olvide de ello si no lo hace inmediatamente. Tan pronto como el sueño lúcido se haya solidificado, trabaje la ejecución del guión de su sueño lúcido. Si sigue diciéndose a sí mismo que puede hacerlo más tarde o tiene ganas de caminar un rato, se olvida de ello o, peor aún, se despierta del sueño.

Al evitar estos errores comunes, puede mejorar su experiencia general de sueño lúcido y reducir la probabilidad de despertar abruptamente del sueño.

Capítulo once: Cómo protegerse mientras sueña lúcidamente

No es necesario que cada sueño que tenga sea agradable y feliz. También puede tener pesadillas. Puede haber casos en los que esté soñando lúcidamente y algo no se sienta bien. Tal vez una entidad perturbadora o una imagen entró en su sueño, y no le dio conscientemente el poder de hacerlo. ¿Qué puede hacer en tales situaciones? La buena noticia es que hay algunos consejos y pasos sencillos que puede seguir para evitar cualquier malestar en su tierra de sueños lúcidos. Las dos fuentes comunes de malestar en los sueños lúcidos son las pesadillas y las invasiones de los sueños. En este capítulo, exploraremos estos conceptos y aprenderemos sobre los consejos que puede utilizar para protegerse.

Pesadillas

¿Hubo sueños de los que se despertó con su corazón latiendo rápida y frenéticamente? ¿Sueños que le dejan con un sudor frío? Tal vez le persigue un monstruo mientras corre para salvar su vida. O quizás está viviendo sus peores miedos mientras se siente indefenso y fuera de control. Ambos casos pueden despertarle abruptamente de su sueño, dejándole con una sensación de ansiedad.

Esto nos lleva al siguiente punto, la diferenciación entre pesadillas y terrores nocturnos. Incluso si suenan similares, son bastante distintos. Hay tres diferencias principales entre estos dos conceptos. Los terrores nocturnos a menudo vienen durante las primeras fases del sueño, mientras que las pesadillas vienen en una etapa posterior. Las pesadillas a menudo se inducen cuando el sueño es más largo, y los sueños se vuelven lentamente extraños y están muy influenciados por las emociones que se experimentan. Los terrores nocturnos se asocian con el sueño no-REM, mientras que las pesadillas se asocian con el sueño REM. Cuando usted tiene una pesadilla, es probable que tenga un vívido recuerdo del sueño desagradable. En lo que respecta a los terrores nocturnos, es muy probable que solo recuerde fragmentos de su experiencia o que tenga amnesia completa sobre el episodio.

Las pesadillas interrumpen el sueño REM. Se cree que el cerebro no deja de pensar ni siquiera mientras duerme. Sigue revisando todas las experiencias que tuvo, o los recuerdos de diferentes redes que comparten experiencias similares. También actualiza ciertas redes neuronales y aprende a hacer frente a nuevos comportamientos incluso mientras duerme. Esta es una de las razones por las que puede tener pesadillas. Cualquier confusión que experimente mientras está despierto puede manifestarse como pesadillas durante el sueño. Aprender a hacer frente a sus emociones negativas durante las horas de vigilia ayuda a reducir las posibilidades de tener pesadillas.

Además, recuerde que cualquier forma de confusión emocional puede causar pesadillas, no solo miedo. Puede haber casos en los que experimente ira, resentimiento, disgusto o incluso pena después de despertar de una pesadilla. Los sueños aterradores que experimenta pueden ser la manifestación mental de daño debido a las amenazas percibidas a su seguridad física o mental. Incluso una amenaza a su autoestima, confianza o sensación de seguridad puede desencadenar pesadillas.

Una forma sencilla de aliviar cualquier emoción negativa que experimente durante una pesadilla es racionalizar. El sueño lúcido le permite saber que está dormido, y que lo que está pensando no está sucediendo en la realidad. Esto le da una simple sensación de control. La próxima vez que esté atrapado en una pesadilla, y sea consciente de ello, piense en la situación lógicamente. Por ejemplo, si le persiguen unos zombis en su pesadilla, recuerde que está a salvo y en su propia cama. Otra técnica sencilla es cerrar los ojos para despertarse de la pesadilla. Tiene completo control sobre su cerebro y sus patrones de pensamiento.

Como se mencionó en la sección anterior, uno de los factores comunes que desencadenan una pesadilla es el estrés que usted experimenta. Su cerebro trata activamente de resolver cualquier problema que enfrente, incluso mientras duerme. El cerebro está esencialmente ensayando para resolver el problema una vez que se despierta. Si puede calmarse antes de irse a la cama, las posibilidades de tener pesadillas se reducen. Realizar actividades sencillas como el yoga, la meditación, el ejercicio, un poco de "tiempo para mí" o una rutina relajante a la hora de acostarse puede ayudar a reducir el estrés. La falta de sueño o cualquier otra forma de privación del sueño puede estresar su cerebro, lo que a su vez desencadena las pesadillas. Intente dormir y despertar a la misma hora todos los días.

Para reducir el estrés físico y mental, manténgase alejado del alcohol, la nicotina y la cafeína justo antes de acostarse. Estas sustancias estimulan la mente. El exceso de estimulación justo antes de la hora de acostarse puede enviar a su cerebro a un modo hiperactivo. Otra técnica sencilla es evitar ver películas de miedo o leer sobre cualquier acontecimiento aterrador y perturbador por la noche.

Otra forma sencilla de eliminar el estrés es programar algún tiempo de preocupación. Aunque parezca contraproducente, dedique unos cinco o diez minutos de tiempo de preocupación diariamente. Durante este período, puede pensar en cada pensamiento que le ha preocupado durante todo el día. En lugar de ignorar o reprimir estos pensamientos negativos, puede crear una salida para lidiar con ellos. Una vez que lidia con cualquier cosa desagradable, las posibilidades de tener pesadillas se reducen.

Cuando usted está soñando lúcidamente, tiene el poder de cambiar el guión de cualquier sueño. Si está atrapado en un mal sueño, simplemente cámbielo. Para hacer esto, necesita primero darse cuenta de que está en un estado de sueño lúcido. Por ejemplo, un monstruo le persigue en su sueño, y usted corre en un callejón oscuro. En lugar de concentrarse en esto, piense en un lugar más feliz. Ahora, visualice que está corriendo hacia el lugar más feliz. Después de todo, usted es el amo de su tierra de los sueños.

Invasión de los sueños

¿Alguna vez tuvo sueños cuando notó a alguien más presente allí? ¿Una presencia extranjera que no desaparecía, e influyó en el curso de sus sueños? ¿O tal vez estaba en el sueño de otra persona? Estas cosas se conocen como invasiones en los sueños. Una invasión en los sueños puede ser una invasión accidental o una invasión a propósito. En un sueño lúcido, usted está total o parcialmente en el plano astral. Usted está manifestando el sueño en este plano, y temporalmente llega a existir. Es solo temporal porque una vez que abre los ojos, y está completamente despierto, el sueño termina. El sueño también desaparece si decide alejarse del plano astral. En una invasión del sueño, otra entidad entra en el espacio que ha creado e interactúa con usted. Otros pueden invadir sus sueños a través de sus sueños lúcidos, rituales, meditación, o incluso la proyección astral. Ahora, veamos los tipos de invasiones de sueños.

Una invasión accidental del sueño, como el nombre sugiere, no implica ninguna premeditación. A veces, cuando usted comparte una fuerte conexión con alguien, puede que consiga el poder de entrar en su tierra de los sueños. De hecho, a menudo, todas las personas involucradas en el sueño también están soñando. Es similar a un sueño compartido en el que alguien más es colocado en su sueño sin su consentimiento. El invasor no tiene intención de invadir su sueño y no quiere hacer daño. Fue simplemente un accidente. Las invasiones accidentales son bastante comunes con los empáticos. Un empático es un individuo que puede sentir y experimentar lo que otros están sintiendo y experimentando. Si su empatía es alta, es muy probable que otros se vean atraídos por sus sueños. Es una experiencia involuntaria, y no hay ningún daño en ella.

Una invasión intencional es lo opuesto a una invasión accidental. ¿Por qué alguien invadiría intencionalmente la tierra de los sueños de otra persona? Hay diferentes razones, y la más común es para influir en el pensamiento de la otra persona. Un sueño ocurre en el plano astral, y lo que sueña a menudo se queda en el subconsciente. Dado que su mente subconsciente es responsable de todas las respuestas automáticas, incluyendo las físicas y emocionales, es bastante poderosa. Su memoria subconsciente gobierna su instinto primario de supervivencia, motivación y cualquier otra reacción emocional. Un invasor intencionado está tratando de controlar estas cosas activando una respuesta específica. Un invasor intencionado tiene el poder de atraer a otros a sus sueños. Esto es más o menos en lo que se basa la película "Inception" (El origen).

Otra razón común para la invasión de los sueños, especialmente la invasión intencional, es absorber cualquier energía emocional manifestada durante el estado de sueño. Los sueños de lujuria y los sueños de terror son las dos fuentes habituales que los invasores usan para alcanzar este objetivo. El atacante absorbe cualquier energía que sea creada por su cuerpo durante estos sueños.

Una invasión en sueños puede parecer una pesadilla, pero hay una sutil diferencia entre estas dos cosas. En una pesadilla, a menudo es el estrés personal de la vida real el que se manifiesta como un mal sueño. No solo el estrés mental, sino también cualquier estrés físico que pueda estar experimentando, como una enfermedad, un dolor o cualquier situación que amenace la vida, puede desencadenar pesadillas. Las pesadillas son a menudo de naturaleza abstracta y normalmente son autónomas. Sin embargo, en una invasión de sueños, la naturaleza de la interacción entre usted y el otro ser que invade sus sueños es bastante detallada. Una pesadilla es a menudo ilógica porque es una mera manifestación de su miedo. Una invasión en los sueños rara vez es ilógica, e incluso podría tener interacciones persistentes con el otro ser.

¿Se pregunta qué podría hacer si está atrapado en una invasión de sueños?

Una invasión de un sueño ocurre cuando alguien más ha penetrado en su campo de energía personal. Para prevenir esto, aprenda a proteger su campo de energía. Es similar a instalar un sistema de seguridad en su casa para mantenerse a salvo. Un sistema de seguridad física puede prevenir ladrones y asaltantes, pero un sistema de seguridad mental le protege de las intenciones negativas, sentimientos y ataques psíquicos de entidades maliciosas. Para fortalecer y proteger el campo de energía, aquí hay un simple ejercicio meditativo que puede probar.

Empiece por encontrar un lugar cómodo para usted. Puede sentarse o acostarse en el suelo. Cierre los ojos, mantenga su cuerpo relajado y comience a respirar lenta y profundamente. Respire larga, lenta y profundamente por la nariz y exhale por la boca. Repita esto diez veces o hasta que se sienta completamente calmado. Ahora, levante las manos y júntelas como si estuviera sosteniendo una pequeña pelota. Visualice que esta pelota que está sosteniendo está llena de luces brillantes. La luz brillante que irradia está llena de amor y afecto. Visualice que esta bola está creciendo lentamente hasta que le rodea. No solo está rodeando su cuerpo, sino que se ha extendido por todo el espacio que le rodea. Puede ver los bordes de esta bola brillar como pequeños diamantes brillantes. Ahora, agarre esta bola una vez más y mire cómo brilla maravillosamente. Visualice que se está viendo a sí mismo en esta luz brillante. A medida que empiece a concentrarse en ella, las manchas de brillo de la bola salen de sus manos, llenando el espacio entre la bola y su cuerpo. Respire profundamente y abra lentamente los ojos. Se cree que este simple ejercicio produce una sensación de serenidad y seguridad. También puede realizar este ejercicio en un sueño lúcido.

Empiece a meditar antes de irse a dormir por la noche. La meditación ayuda a mejorar sus niveles generales de energía y le da la oportunidad de acceder a un plano de energía superior. Esencialmente crea un ambiente seguro donde los atacantes no pueden seguirle. Si sus sueños son constantemente invadidos, no reaccione o se resistas a ellos; en cambio, simplemente afirme su control en el mundo de los sueños. Recuerde, sus sueños están bajo su control, y nadie puede hacerle nada a menos que les dé el control para hacerlo. Alguien más ha entrado en su espacio, y es hora de reclamar su espacio. No se deje llevar por ninguna conversación, simplemente retírese. Repitiendo un simple mantra como "No eres bienvenido aquí" o "No te quiero aquí", puede terminar efectivamente con la invasión de los sueños.

También usted tiene el poder de llamar a su guía espiritual en el sueño lúcido. Su ángel guardián está a la vuelta de la esquina, y todo lo que necesita hacer es simplemente llamarlo.

Capítulo doce: Cinco técnicas avanzadas de sueño lúcido

El sueño lúcido tiene varios efectos positivos en el soñador. Desde la toma de conciencia hasta el desarrollo de la confianza, el uso del sueño es una experiencia maravillosa. En los capítulos anteriores, se presentaron algunas técnicas para inducir sueños lúcidos. Después de usar estas técnicas, si tiene sed de más o tiene curiosidad por emprender una nueva aventura, puede usar algunas técnicas avanzadas para el sueño lúcido. En este capítulo, veamos estas técnicas.

Técnica #1: Proyección astral

Como se mencionó anteriormente, hay una relación entre la proyección astral y el sueño lúcido. Cuando usted va a un viaje astral, está esencialmente proyectando su conciencia en el mundo astral. Está viajando a diferentes experiencias y lugares en tiempo real sin depender de su cuerpo físico. En cierto modo, solo su conciencia está explorando los diferentes escenarios.

Los que realizan proyecciones astrales a menudo hablan de ello como una experiencia fuera del cuerpo, casi como si fueran fantasmas. La proyección astral es un concepto intrigante, y puedes experimentarlo durante el sueño lúcido. El mundo de los sueños se basa en la conciencia, mientras que el mundo astral abarca mucho más que esto. No está restringido a su espacio o tiempo personal. Es la culminación de las experiencias de todos en la vida. Con la proyección astral, usted puede ser testigo y experimentar eventos del pasado, futuro y presente. Aun así, usted no es capaz de interactuar con el mundo interno de nadie más. Estos son los pasos que debe seguir para explorar el mundo astral durante el sueño lúcido.

- Para comenzar con la proyección astral, primero debe entrar en el estado de un sueño lúcido. Para inducir un sueño lúcido, utilice el método WILD (Sueño lúcido inducido por la vigilia).

- Una vez que el sueño lúcido comienza, cambie su conciencia a la habitación donde está durmiendo. Mire su cuerpo físico mientras está acostado en la cama.

- Dé un paseo por la habitación y note cualquier objeto que no haya notado antes. Por ejemplo, tal vez nunca haya prestado atención a un bolígrafo que tiene en la habitación. Una vez que se haya concentrado en el objeto, ponga toda su atención en él. Examine cuidadosamente el objeto y observe cada detalle.

- Después de que despierte del sueño, vuelva a examinar el objeto. Si el objeto no está en la habitación, o si los detalles son diferentes, significa que no estaba proyectado astralmente, y que era simplemente una extensión de sus sueños lúcidos. Si el objeto y todos sus detalles son los mismos, usted ha proyectado astralmente con éxito.

- Ahora que sabe cómo realizar una proyección astral, la próxima vez que esté soñando lúcidamente, explore más allá de su habitación. Camine por la casa o incluso por el vecindario. Una vez que esté despierto, vuelva a examinar los detalles para asegurarse de que fue una proyección astral. Esta es una técnica avanzada, y puede que no la entienda bien al principio. Por lo tanto, necesita practicar para mejorar.

- La prueba final para determinar si ha proyectado astralmente con éxito o no es pedirle a su amigo que coloque un objeto en su casa sin decirle cuál es el objeto. Su amigo debe decirle dónde coloca el objeto sin dar más detalles. Tiene que estar en un lugar de fácil acceso, como la mesilla de noche, el mesón de la cocina o la mesa del comedor. Si se ha proyectado astralmente con éxito, habrá entrado en su casa y podrá describir el objeto en detalle.

Una vez que domine esta técnica, podrá proyectarse a cualquier lugar del mundo. No está restringido por las barreras del mundo físico y puede atravesar entre el tiempo y el espacio usando su conciencia.

Técnica #2: Encontrar su yo paralelo

Según la teoría del multiverso, hay varios universos paralelos en existencia donde residen sus yos paralelos. Es una teoría compleja, pero una versión simplificada sugiere que las líneas temporales infinitas están abarcando varios universos paralelos. Esencialmente significa que hay un universo paralelo en el que algo más habría sucedido por cualquier cosa que haya sucedido en su vida. Es bastante similar a preguntarse cómo habría sido su vida si no hubiera tomado una decisión específica en un momento dado. Por ejemplo, ¿cómo habría resultado su vida si no se hubiera mudado a otra ciudad? ¿Las cosas habrían sido diferentes si hubiera elegido una especialidad diferente en la universidad? De acuerdo con la teoría del multiverso, por cada decisión que tomó, existe un universo paralelo, y hay diferentes versiones de usted viviendo en diferentes líneas de tiempo.

Al igual que con la proyección astral, puede usar el sueño lúcido para explorar diferentes multiversos de su vida. Estos son los pasos que debe seguir para esta técnica.

- Comience por inducir los sueños lúcidos siguiendo cualquiera de las técnicas discutidas en el capítulo anterior.

- Una vez que esté en el estado de un sueño lúcido, concéntrese en un evento específico o en una decisión que haya tomado en la vida. Desplace toda su atención hacia la experiencia específica y medite sobre esa experiencia durante su sueño lúcido. Visualícese en una realidad paralela.

- Puede intencionalmente cambiar su conciencia para viajar por un camino diferente transfiriéndose al momento y tomando una decisión diferente. Otra alternativa es transportar su conciencia al momento presente intencionalmente pero en otra realidad.

- Después de que vuelva a visitar sus líneas temporales personales en múltiples universos, empiece a visitar líneas temporales alternativas de la historia que conocemos.

- No se olvide de anotar todas sus observaciones de sus visitas a los universos paralelos después de que despierte. No solo ayuda a verificar su experiencia, sino que también la hace más vívida. Esta técnica funciona brillantemente bien porque, en su lúcido país de los sueños, hay espacio y tiempo infinitos disponibles. Esto, junto con todos los ilimitados universos paralelos que existen, significa que hay mucho espacio para la exploración.

Técnica #3: ALDIT

La Técnica Avanzada de Inducción de Sueños Lúcidos (ALDIT) es una técnica híbrida diseñada para crear una excitante experiencia de sueños lúcidos. Estos son los pasos que debe seguir.

- Antes de comenzar con esta técnica, trate de no consumir alcohol, o manténgalo en la cantidad mínima. Manténgase en un estado de ánimo positivo y no se involucre en ningún conflicto emocional. Evite esta técnica si está mentalmente preocupado o estresado. En total, necesita al menos siete horas de sueño para practicar esta técnica de manera efectiva. Antes de que se despierte, necesita cuatro horas de sueño, y al menos tres horas después.

- Después de cuatro horas, despierte y levántese de la cama. Puede programar la alarma para que suene si no está seguro de poder despertarse solo.

- (Consejo opcional: si quiere mejorar la experiencia en general, tome 4-8 mg de Galantamina. Es ideal para todos aquellos que no tienen un suministro suficiente de acetilcolina, un neurotransmisor, en el cuerpo. Esto es especialmente cierto para todos aquellos que tienen más de 50 años. Si está tomando Galantamina, asegúrese de comer un bocadillo ligero y beber un poco de agua o jugo de fruta después. Si tiene alguna condición de salud preexistente o un desorden cardiovascular, consulte con su médico antes de tomar Galantamina).

- Ahora es el momento de empezar a meditar. Necesita meditar entre veinte y treinta minutos para asegurarse de que su mente quede libre de desorden. Lo ideal sería que se sentara en una silla o se sentara en el suelo manteniendo la espalda recta y el cuerpo relajado.

- Después de que se ponga cómodo, es hora de revivir un sueño específico. Cambie su respuesta de acuerdo a lo que le parezca apropiado ahora mismo y vea cuál es el resultado. Su nueva respuesta puede no mostrarle una solución real, pero puede representar un paso de desarrollo hacia la consecución de la solución final. Por ejemplo, en uno de sus sueños lúcidos, se enfrentó a un agresor, pero no hizo nada. Ahora que está volviendo a visitar este sueño, puede afirmar su autoridad enfrentándose al agresor. Cualquiera que sea el sueño, trate de responder de manera diferente y deje que se desarrolle.

- Después de que haya terminado de revivir el sueño, es hora de despertar. Puede poner la alarma para ayudarle a hacerlo. No se olvide de anotar el nuevo sueño después de despertar (puede hacerlo inmediatamente o más tarde). Ahora, es hora de volver a dormir.

- Antes de que cierre los ojos y se duerma, repita una afirmación sobre lo que desea hacer. Puede decir algo como: "Quiero ser más consciente en mis sueños y responder apropiadamente a todos los escenarios a los que me enfrento".

- Empiece a contar hacia atrás desde 100. Puede que se sienta somnoliento en este proceso y pierda la pista de los números. Está bien si esto sucede; permita que la somnolencia se apodere de usted.

- Puede que pierda brevemente la conciencia en el camino y que sienta o escuche una vibración. Esta vibración puede aparecer y desaparecer; también es una buena señal. Si escucha esta vibración en su cabeza, concéntrese en esta energía y medite sobre ella. A medida que empiece a meditar, la energía se intensificará. Si esta energía está presente a su alrededor, también puede salir de su cuerpo para tener una experiencia fuera del cuerpo. Esto se conoce como WILD (sueño lúcido inducido por la vigilia).

- Si no escucha esta energía y simplemente se queda dormido, se conoce como DILD (Sueño lúcido inducido por el sueño). Si esto sucede, es probable que sea transferido a un estado de sueño lúcido mientras duerme.

No olvide registrar sus observaciones una vez que esté despierto. Si no quiere anotarlo, mantenga una grabadora digital para registrar su experiencia mientras aún está fresca en su memoria.

Técnica #4: Lidiar con los miedos y fobias

El miedo es una emoción extremadamente abrumadora que puede abrumarle en cualquier situación. Los miedos son raramente racionales, y por lo tanto, ceder a su miedo no le hace ningún bien. Superar los miedos y fobias no es un proceso fácil. La buena noticia es que puede aprender a superar sus miedos usando el sueño lúcido. Como se ha mencionado repetidamente, en los sueños lúcidos, usted tiene un control completo sobre los escenarios y sus resultados. Nadie más puede regular sus sueños, y el poder está en sus manos. Si algo parece desagradable, usted puede darle un giro positivo. Hay diferentes técnicas que puede usar para superar fobias como la hipnoterapia. Sin embargo, lo más simple que puede hacer es enfrentar sus miedos en el mundo de los sueños.

Aquí hay una explicación simple que le dará una mejor comprensión de cómo puede hacer frente a sus miedos y fobias en el mundo de los sueños. Asumamos que les teme a las serpientes. Las criaturas viscosas y resbaladizas desencadenan un miedo primitivo como ningún otro que haya experimentado. Ya que usted tiene el control total sobre sus sueños, imagine o visualice estas aterradoras serpientes como personajes de dibujos animados. Al cambiar la forma en que ve el origen de su miedo, controlarlo se hace más fácil. Al volver a imaginar la serpiente como un personaje de dibujos animados, le quita el poder sobre usted. Visualice que está escuchando la música alegre de una serie de dibujos animados. O tal vez pueda hacer que la serpiente hable con voces divertidas.

La próxima vez que empiece a soñar, invoque a una serpiente. La serpiente puede dar un poco de miedo, o incluso puede tener el tamaño de un humano. Su corazón podría empezar a acelerarse, y una ola de ansiedad abrumadora se apoderaría de su mente racional. Simplemente cálmese, y recuerde que usted tiene el control total aquí. La serpiente no le atacará, y puede hacer que se detenga. Para empezar, ¿por qué no reduce el tamaño de la serpiente que su imaginación ha conjurado? Luego, intente reemplazarla con la memoria de un personaje de dibujos animados. Podría aliviar un poco su miedo y hacerle sentir más poderoso. El siguiente paso es hablarle a esta criatura como si fuera un ser humano racional. Tal vez se pregunte qué representa esta serpiente.

Tal vez un encuentro accidental en su pasado creó este miedo. Tal vez fue un recuerdo perturbador. Al explorar la causa de este miedo, abordar la fobia se hace más fácil. Después de un tiempo, si se encuentra con la misma criatura en sus sueños posteriores, considere explorar las razones por las que le asusta. En cierto modo, el sueño lúcido es una fuente de terapia simple. Independientemente de si le teme a las alturas, a los espacios cerrados, a hablar en público o a cualquier otra cosa, el sueño lúcido ayuda a crear un ambiente realista y seguro para enfrentar estos miedos.

Técnica #5: Explore sus personalidades

Todos tenemos diferentes facetas de nuestra personalidad. Un simple desafío que puede intentar para mejorar su experiencia de sueño lúcido en general es conjurar diferentes facetas de su personalidad. ¿Por qué no interactúa con el bromista o el filósofo que está en lo profundo de su mente? Un sueño lúcido y cualquier cosa que experimente en él es una mera extensión de su subconsciente. Así que los personajes que conoce en el país de los sueños son también extensiones de la psique. ¿Por qué no le pide a este personaje de los sueños que le cuente un chiste que le haga reír? Incluso en una conversación bidireccional con cualquier personaje del sueño, está esencialmente conversando con usted mismo. Por lo tanto, si el personaje del sueño le cuenta un chiste para hacerle reír, acaba de descubrir un lado de su personaje del que probablemente no era consciente. Si un sueño lúcido le hace reír, ha recorrido un largo camino y está aprendiendo a soñar lúcidamente.

Ahora es el momento de buscar al filósofo que lleva dentro. Lo bueno de los sueños lúcidos es que ayudan a crear un ambiente seguro donde puede explorar cualquier tema, concepto o idea que quiera, sin ningún temor. Después de todo, ningún daño puede venir cuando usted está en completo control de todas las situaciones y escenarios. Si alguna vez se ha preguntado sobre su propósito o el significado de su vida, ahora es el momento de explorar todo esto. Esto puede parecer un desafío difícil porque esencialmente está partiendo en una búsqueda para encontrar respuestas a preguntas que podrían no tener ninguna respuesta. O tal vez sí, ¡y ahora tiene la oportunidad de encontrar las respuestas! De cualquier manera, podría ser una brillante experiencia de aprendizaje. Poniéndose filosófico en su mundo de los sueños, las respuestas que obtiene de sí mismo podrían ser bastante inesperadas. Estas preguntas podrían ser demasiado pesadas para las conversaciones de la vida real, pero puede explorarlas con seguridad en su subconsciente.

Conclusión

El sueño lúcido es una experiencia verdaderamente mágica. Es un tipo de sueño en el que usted es plenamente consciente del hecho de que está soñando. Le da una increíble oportunidad de explorar su tierra de los sueños y de vivir brillantes aventuras y experiencias personales. También le da la oportunidad de reconectar sus sueños e interpretarlos de manera efectiva. Con el sueño lúcido, usted es el creador, escritor, productor y director de su propia obra.

En este libro, se le enseñó el significado de los sueños y sus significados, sobre el sueño lúcido y los diferentes beneficios que ofrece, y las diferentes técnicas de sueño lúcido. Las técnicas discutidas en este libro se pueden dividir en dos categorías: principiantes y técnicas de aprendizaje avanzadas. También se le dio una introducción básica a la relación entre la proyección astral y el viaje chamánico utilizando el sueño lúcido. Este libro también le enseñó consejos simples para prepararse para una mejor experiencia de sueño lúcido y explorar su paisaje de sueños. Un concepto intrigante discutido en este libro es cómo puede encontrar a sus guías espirituales en los sueños lúcidos y lo que podrían hacer por usted. También se le dieron consejos prácticos y simples sobre cosas que nunca debe hacer mientras sueña lúcidamente y cómo protegerse en los sueños lúcidos. Cuando todos estos temas se juntan, es el libro perfecto para explorar el sueño lúcido con seguridad. Una vez que le coge el truco, los beneficios que ofrece son realmente asombrosos. Desde la mejora de su conciencia hasta un mejor autocontrol, pasando por la prevención de las pesadillas y la comprensión de su poder para explorar su creatividad, puede hacerlo todo con el sueño lúcido.

Como con cualquier otra habilidad, requiere tiempo, paciencia y un esfuerzo constante. Una vez que esté dispuesto a comprometerse en este proceso, sus esfuerzos darán sus frutos. Este libro le guiará, asesorará y preparará para una mejor experiencia de sueño lúcido. Con el sueño lúcido, puede explorar su creatividad y profundizar en su subconsciente. Recuerde, la paciencia es la clave, y no se frustre, incluso si tropieza un par de veces. Es parte de la experiencia de aprendizaje.

Vea más libros escritos por Mari Silva

www.ingramcontent.com/pod-product-compliance
Lightning Source LLC
Chambersburg PA
CBHW062055280426
43673CB00073B/193